江戸東京学

目次

凡例

一、本文は初出を尊重し、仮名遣い、数字の表記は、基本的に初出のままとした。

一、本書編集部が必要と判断した場合には、（ ）内に註を施した。

一、初出雑誌の月号等の表記は、初出雑誌に従い、通巻表示のみのものについては、発行年月を付け加えた。

一、初出の明示されていないものは、未発表のものである。

以上

はじめに

「江戸東京学」という新しい学問分野が注目されるようになってから、早いものでもう二十年余が過ぎました。

それまでの歴史学では、近世と近代、あるいは江戸と明治といった時代区分が主流をなし、多くの研究者が明治維新を境にして、維新以前と以後の研究に分かれていました。政治体制や権力構造を軸に歴史を眺める以上、それはある意味でやむを得ぬことでもありました。

しかし、江戸・東京に暮らす庶民の生活や意識は決して政治体制の変革によって劇的に変わるものではなく、本書にみるように、徐々に変化していくものでした。そして、江戸時代に築かれた生活様式は、その思想において今日まで脈々と連続しているものも多く見られます。したがって、今日の問題を考える際にも、江戸から今日までの歴史を考察することが欠かせません。

江戸東京学は、こうした要求に応えるために、従来の江戸は江戸、東京は東京という分断的思考を排し、歴史学や民俗学、社会学はいうにおよばず、文学や美術史、建築学や土木工学など、およそ都市研究にかかわるあらゆる研究者が学際的に協同して成立した新しい学問分野でした。

江戸東京学のセンターとして、江戸東京博物館が開館したのが一九九三年。設立構想からかかわってきた私は、光栄にもその二代目館長として江戸東京学の発展にいささかなりと貢献できたことを幸いに思っております。

その間、おおくの雑誌や会合で、「江戸東京学」を提唱し、また論文や随筆を発表し、講演をしました。また、執筆したものの未発表になっていた幾本かの論考もありました。

「そうした原稿を集めて一冊の本にすることは、江戸東京学の発展に寄与するだけでなく、江戸東京学に関心を持つ、広く多くの読者のために重要である」と、住宅総合研究財団の江戸東京フォーラム委員の勧めで、本書を上梓する運びとなりました。

さまざまな雑誌に寄稿した原稿を集めたものなので、若干の重複は避けられないのですが、「それは仕方のないこと。改めて書き直すことよりも、出典と時期を明示して、敢て原文のままとすることに意義がある」という編集者の言葉にも励まされました。

月日がたって読み返せば、重複のみならず、不十分なところが多く目に付きますが、読者の方にはご容赦をお願い申し上げます。

末筆ながら、本書出版にあたり、法政大学の陣内秀信教授、住宅総合研究財団元専務理事の大坪昭氏および現専務理事の峰政克義氏、同財団の鈴木孝子氏、都市出版㈱の高橋栄一氏、山田智子氏さらに原稿の浄書や資料集めなど一方ならずお世話になった天野隆子さんに心より感謝の意を評します。

平成一七年六月吉日

小木新造

第1章
江戸東京学

第1章江戸東京学――1

望まれる江戸東京学

（『文学』一九八三年四月号）

東京は背骨のない軟体動物のような都市である。柔軟性があり、都市機能が雑然とまじりあって「世界一理想的な都市である」（『紀章会情報パック』）といったのは上智大学教授グレゴリー・クラーク氏である。また、新宿歌舞伎町の雑然とした雰囲気が、大衆のポップアートとして大うけしたのがニューヨークの新宿展であった。また、ロンドンで江戸展が開かれて大評判になったことも記憶に新しい。このように、ちょっとした東京ブームが欧米人の話題をさらっている。その東京の原点はいうまでもなく江戸である。

江戸はその発生の当初から諸国人寄合いの雑居都市であった。武家地・寺社地・町地の区分はしたが、町地の中の職住隣接が当り前だった。しかも大店《おおだな》の背後には必ずといってよいほど裏店があり、店子《たなご》は大家《おおや》を親も同然と考え、すべて木戸内で処理する町内完結社会であった。その人肌のぬくもりを感ずる生活環境は、近代に入ってスラム化の源泉と考えられ、当局はその除去に乗り出した。そして、パリにその原型を求めて市区改正を行い、商業地区と住宅地区の分離をはかった。だが、そうした都市改造は遅々として進まず、関東大震災と大空襲と、東京の大半を焼失する経験をしながら、遂に本格的改造は行われなかった経緯がある。このように誰もが知る常識的な江戸東京小史をひもといてみても、多くの日本人は、江戸にはじまる雑居都市に別れを告げ、パリのような計画都市への改造こそが近代東京の夢だと考えてきたことがわかる。いいかえれば未成熟で雑然とした東京に訣別することこそが、一世紀以上に及ぶ近代東京の願望だったのである。そうだとすると、欧米人のいだく東京の魅力とは全く対極の位相にあることになる。それは何故か。そこには、たんに発想の違いだけで処理しきれない複雑な問題が横たわっている。たとえば、盛り場新宿歌舞伎町を東京の魅力の象徴と考えた場合、戦後、ほとんど計画性のない民衆の造り上げた町に何故アメリカ人が魅力を感ずるのか、深い洞察が必要となってくるなどである。われわれの内省的志向は、当然歌舞伎町から新宿全体、池袋や渋谷そして原宿、丸の内に銀座や神楽坂・浅草、さらには江戸両国広小路と時代をさかのぼり、いわゆる盛り場盛衰記をたどることに向けられる。かような思考を重ねてゆくと様々な疑問が湧いてくる。もともと埋め立て都市の江戸は、水の都といわれた時期があったが、その面影はどこに求められるか、隅田川のぶざまな防潮堤は何故できたか、五〇〇年都市東京と、一〇〇年都市横浜・札幌との違いはなど、際限なくひろがって行く。

こうした課題を説き明かすのに、従来のような江戸は江戸、東京は東京といった分断的考察でこと足りるであろうか。歴史学も社会学も、社会心理学も文学も、そして土木工学も建築学も、およそ都市研究にかかわる学問研究者が、学際要領全般を覆うような新しい総合学の成立を望むのは当然であろう。幸い東京都が江戸東京博物館（仮称）の建設に踏み切ったのを期に、江戸東京学を成立させ、国際的にも評価されるそのセンターとしたいものである。

第1章江戸東京学―2

建設途上の江戸東京博物館に寄せて

（『東京人』一九九一年六月号）

目下建設途上の江戸東京博物館本館（両国国技館隣り）及びその分館である野外博物館（江戸東京たてもの園、都立小金井公園内）は、来年秋に開館の予定であるが、関係者一同、準備に追われる毎日である。江戸東京博物館は、東京都が初めて開設する本格的な都市型歴史系博物館であり、その全体計画は、三年前の本誌の特集において紹介したところであるが、改めてその意図するところを考えてみたい。

江戸東京博物館の構想は、昭和五十五年まで遡るが、首都東京には、東京国立博物館を始め、科学博物館、鉄道博物館さらに民間企業等による最新技術を駆使した個性ある博物館が多数存在する。その意味で東京都民は、日本国民の中で最も万物博覧の利を享受しているといえる。

しかしながら、私達が現に生活を営んでいる東京の歴史を系統的に学ぶための博物館というのはなかった。

今日、地方の時代と言われ、生活という視点から政治や経済、社会を見据えることの大切さが大方の都民の共通認識となっている。

江戸東京博物館は、都市・江戸東京の「市民」が、四百年に亘って営々と築き上げてきた生活と文化、産業を歴史的に振り返り、その貴重な生活・文化遺産を次世代に継承していく証として位置付けることができよう。

江戸東京博物館の建設には、都民が、「ふるさと東京」を感じ、ゆとりと潤いのある生活を送る糧となればとの願いが込められているが、それは「偏狭な郷土意識」とは無縁なものである。

そもそも江戸東京の歴史をひもといてみても、徳川家康が江戸に入ってわずか百二十年余の八代将軍吉宗の享保期にはすでに百万の人口を抱える世界有数の都市に急成長したのであるが、大部分の住民は、参勤交代の武士、一旗組の商人や出稼ぎの農民達など地方出身者によって構成されていた。その意味で江戸は、大名領国の枠を超えた「国内国際都市」とでもいうべき様相を呈していた。

このことは、明治維新により江戸が東京となり、高度成長を経た今日に至るまで同様である。現在の国際都市・東京は、多数の「外国国籍を持った東京人」をも包含した、多様な人々の共同の生活空間に他ならない。

江戸東京の歴史を考えるということは、けして過去の歴史を回顧的に振り返るのではなく、現在の都民が、これからの東京を展望し、創造するための素材を提供するものといえよう。江戸東京博物館が、現在と未来の都民のための都市文化、都民文化創造の拠点の一つとして進められているのも、このような理由によるものである。

本誌が発行される頃には、高床式をイメージした江戸東京博物館の建物の鉄骨の輪郭がかなりはっきりと見えてきているであろう。

今、私を含め多数の関係者がこの巨大な器に盛るべき中身の最後の詰めにかかっているが、私達がとりわけ重視している諸点を述べて、準備状況の報告としたい。

第一に、学問的にあくまで高度で、かつ、来館者にとって興味深く、わかりやすい展示表現の実現である。博物館展示は、単にめずらしい「もの」を陳列すれば足りるものではない。「もの」の背後にある時代の社会相、人と人との歴史的な相互関係が語られなければならない。それは、展示技術の問題であるとともに、歴史学を始め学際的な研究のフィルターを通した情報の集積が不可欠である。

第二に、博物館が常に新鮮な歴史情報の発信基地であり続けるためには、それなりの研究体制の整備が必要である。江戸東京の都市の歴史に関する研究の核となり得る研究部門の充実を図るとともに、内外の第一級の研究者達が江戸東京博物館の研究に参画し得る運用が望まれるところである。このことについては、博物館開設準備の段階においてすでに無慮百名以上の研究者集団が、展示、情報システム、普及の諸分野において協力してきた事実があり、このような態勢を今後とも大切にしていきたい。

第三に、内外に開かれた博物館の運営システムをつくり上げていくことである。一般に日本の博物館は欧米に比べ閉鎖的な印象を否めない。収蔵資料は私達みんなの共通の財産であり、可能な限り人々の前に公開するという姿勢が大切である。江戸東京博物館の資料情報システムは、最新のコンピュータシステムにより画像を含む資料情報が容易に検索できるようにしたものであり、内外の研究者はもとより、関心のある都民がアクセスする機会を最大限に保証することが望まれる。また、都民の歴史学習の拠点として、展示や普及事業においても、参加型・体験型の手法を積極的に取り入れていくべきである。

第四に、国際都市・東京にふさわしい博物館運営を目指すことである。この場合、欧米の都市はもちろんであるが、わが国に身近なアジアの諸都市との情報や研究の交流を今後とくに重視していく必要がある。また、江戸東京の都市の歴史研究において、国際比較都市史的視点からのアプローチも大切であろう。

博物館の建設というものは、建物の完成オープンをもって終わるものではない。少なくとも五十年、百年のタームで、ものごとを考え、計画していかねばならない。

江戸東京博物館は開館時が出発点で、「生生、発展する博物館」を目指している。そのためにも最初が肝腎なのである。

第1章江戸東京学—3

江戸東京学序説

（『江戸東京学事典』一九八七年）

1—江戸東京学の基盤

江戸東京学とは何か

東京は軟体動物のような都市で、都市機能が雑然と混ざりあって、人間くさく、まことに魅力的な都市であるという。たしかに東京のもつ都市機能の雑居性は、生活の便利さを増し、この街に新鮮な生成のダイナミックスを与えている。その東京にいなければ、脈打つ現代の日本を知ることができないという外国人はおおい。しかし、いっぽうには政治・社会・情報の機能がひとつに集まる、いわゆる一極集中型都市東京の欠陥を指摘する声がつよい。たとえば、最近の地価高騰は、この一極集中型都市の欠陥を象徴している。このままでは東京が危いといわれ、緊急な政治課題となっている。

このように功罪あわせもち、きわめて輻輳《ふくそう》した多重構造都市東京を解明することは、一筋縄ではいかない。しかし、歴史を顧みることが、未来への光明を見いだす鍵であるとするなら、江戸東京の歴史を丹念に洗い直す作業は、もっとも大切な今日的課題であろう。そこに江戸と東京を一貫して考える江戸東京学の必要性が浮かびあがってくる。

江戸東京学とは、江戸から今日までの都市形成発展と、文化変容の過程を一貫した視座からとらえ、その連続性や非連続性と、江戸東京の都市としての特性を学際的に研究する開かれた学である。

このため、徳川以来おおくの人材を集め、独創的な文化をはぐくんできた江戸東京のメカニズムを分析し、情報・流通・消費のシステムなどをあきらかにすることは必須の要件となってくる。

また、東京には、家康入府以来から数えても約四〇〇年の歴史がある。江戸開府当初利根川の流路をかえ、神田川を開削し、日比谷の入江を埋め立て、溜池《ためいけ》・神田上水をととのえ、江戸城築城、本町の町割を計画するなど、今日の東京の原型はすでに四〇〇年以前にできあがった。

その後、築地・深川の埋め立て、隅田川の堤防の整備など、つねに大土木工事をくりかえしながら大江戸への発展をつづけた。そのあいだ、寛永期（一六二四〜四四）に整備された豪華な江戸城や大名屋敷や、町並は明暦の大火（一六五七）で、烏有《うゆう》に帰した。この江戸史上最大の火災後も、しばしば火災をくりかえし、享保の改革にさいしては耐火構造建築の推進や、消防制度の整備がおこなわれたが、火災都市江戸の汚名は明治一〇年代まで引きつがれていった。

享保年間（一七一六〜三六）に百万都市に成長した大江戸は、明和・天明（一七六四〜八九）のころ、すなわち一八世紀後半には名実ともに一国の首都としての機能を発揮し、以後近・現代の東京にうけつがれている。

明治維新にさいし、ほぼ大坂遷都論に傾いていたのを東京奠都《てんと》に転換させたのは、前島密《まえじまひそか》らの建言をうけとめた大久保利通《おおくぼとしみち》の決断による。その背景には、東京が日本のほぼ中央にあたり、約三〇〇年にわたる覇府《はふ》としての江戸の有形無形の遺産をうけつぐことが、財政難の維新政府にとって有利だという認識があった。

しかし、京都こそ帝都と信じこんでいた京都人を慰撫《いぶ》する苦肉の策として、西京《さいけい》京都に対し東京《とうけい》江戸の東西二都論を標榜《ひょうぼう》して、うやむやのうちに東京は一国の首都となった。

維新当初からしばらくこの東京《とうけい》という呼称がおおくもちいられていたが、このころは、廃墟となった武家屋敷跡に桑茶政策が推進され、山の手の約一〇〇万町歩は桑・茶畑となった。そして赤坂溜池周辺は、昼間でも女性の一人歩きは危険とされるほどに寂れた。

しかし、下町の銀座は、明治五年(一八七二)の大火を契機に煉瓦《れんが》街が建設され、新橋ステーションを降り立った外国人は、一丁倫敦《ロンドン》の町並をとおって築地居留地に向かい、銀座は文明開化東京の象徴的街区に変身した。銀座を範として東京の中心街はすべて煉瓦造にかえる東京不燃都市計画の第一歩だった。しかし、拙速《せっそく》主義が禍して、銀座煉瓦街は東京改造計画の模範とはならなかった。

明治二二年(一八八九)ごろ、江戸最盛期の人口一三〇万に戻った東京は、市区改正によって徐々に整備されていった。

しかし、関東大震災(一九二三)によって壊滅的打撃をこうむり、江戸の面影をつたえる建造物もほとんどが消えてしまった。このときふたたびおこった遷都論もただちに消滅するほど帝都復興の槌音《つちおと》は急速で、市街地を西南に大きく拡大して大東京を成立させる基盤をつくった。

しかし、金融恐慌、農村不況と続く日本経済のどん底低迷期には、東京に、どの都市よりもおおく失業者の群を発生させた。やがて満州事変から太平洋戦争へという軍靴《ぐんか》の響きはやまず、大空襲によって再度焼野原と化した東京の姿はみるも無惨であった。

銀座四丁目交差点にできた爆弾跡の水溜りで子どもが溺死《できし》したり、電通通りにカボチャ畑が出現した当時の状況を知る人にとって、今日の東京はまさに夢幻の世界である。

その間、特需景気による東京の活性化、東京オリンピック計画による都市施設の整備、高度経済成長のビルラッシュ、生活の欧米化へとすすみ、東京都の人口は一二〇〇万人に達し、首都圏は神奈川、埼玉、千葉にまたがりいっそうの拡大をつづけてゆく。そして、ワシントン、ニューヨーク、ロンドン、パリ、モスクワ、北京とならぶ国際都市東京となったのである。

この江戸東京の歴史の流れは、つねにバラ色ではなかった。たとえば享保、天明、慶応の打毀《うちこわ》しや、日露講和反対の日比谷焼打事件、第一次世界大戦期の米騒動、戦後の米よこせデモ等々いわゆる都市暴動も歴史の襞《ひだ》にきざみこまれている。にもかかわらずこの不死鳥《フェニックス》都市には、都市としての魅力が重層している。

全国的視野の必要性

江戸東京学の対象とする地域は、もちろん江戸であり東京である。しかし、そこに展開される流通・経済・文化・情報機能などを考えると、かならずしも江戸東京の地域だけに江戸東京学の対象を限定することはできない。その影響力は全国におよび、また地方との活発な交流を無視しては、江戸東京学は成立しえない。

たとえば、現代の東京は、国際都市のひとつであると同時に、日本全国と何らかの関係をもっている都市である。したがって、住民票のあるなしが東京人を規定する基準とはなりえない状況下にある。政府機関、本社機能、情報機能などの東京集中、物流の集権化は、おのずと東京と地方との交流の密度を高めずにはおかない。

そうした都市機能における東京と地方との関係は、江戸と地方との関係におきかえても同様であった。現代の東京に地方税収入がかたより、財政を冒すと懸念されているように、江戸時代も諸大名が江戸参勤で消費する額は、領国経済の七、八割に達したとまでいわれている。

しかし、現代の東京が、地方文化の独自性を侵蝕していると懸念されているのに対して、江戸と地方との関係は、むしろ固有の地方文化の育成に多大の貢献をしてきたといわれている。

たとえば、有田焼、萩焼、薩摩焼といった陶磁器は、それぞれの地方を代表する地場産業の特産品として名高い。それは参勤交代のさい、自国特産品として江戸にもたらされた陶磁器が、他国の大名たちによって高く評価され賞讃されたことが契機となって、向上発展したといわれる。このように、参勤交代は各藩の財政に重圧をかける反面、地場産業の発展に寄与した側面も無視するわけにはいかない。

また江戸が文化の熟成基地の役割をはたした事例もおおい。たとえば潮来節《いたこぶし》などはその好例といえよう。もともと潮来節の元唄は仙台地方にあった。それが仙台米の江戸への輸送経路である利根川筋にきてはじめて潮来節が誕生した。しかし、この潮来節が全国的民謡の地位を確保するようになったのは、江戸吉原での熟成期を経過したのちのことである。

さらに、地方小都市は中央都市江戸の文化を吸収して、それを模式化することでそのイメージアップをはかったこともあった。江戸近隣の川越や佐原《さわら》が「小江戸」とよばれたのはその例である。川越は明治の大火後の土蔵造がおおいとはいえ、江戸伝統の建築業者によって建設され、江戸以来の建造物とみごとな調和をなしている。佐原も小江戸を名乗り、俗謡に「お江戸見たけりゃ佐原にござれ佐原本町江戸まさり」といわれるほどであった。また名物の蕎麦《そば》の製法までが江戸風で、その江戸以来の技術は現代にも伝承されている。

加賀百万石の城下町金沢は、小京都とよばれ、現在でも京文化の名残をとどめている点で有名である。しかし、その金沢を「小江戸」とよんだ文献例が発見されたという。また民家建築に江戸風の影響が残されていることもつとに紹介されている。

これらのいくつかの事例は、江戸が地方人の憧憬《しょうけい》の的となっていたことをあらわす現象である。それは、近・現代の東京についても同じで、学問、芸術、ファッションにいたるまで地方への影響力は拡幅されている。しかし東京の影響をうけた地方都市は、たんにその模倣に終わってはいない。画一的模倣から脱却して、それぞれの地方都市の独自性をつよく主張しはじめているのである。

そうした地方文化発展の媒体作用を江戸東京がはたしてきたとすれば、江戸東京文化を全国的視野に立ってあらためてみなおす必要があろう。

2―江戸と東京の連続性と非連続性

連続性

江戸東京の連続性と非連続性の問題は、江戸東京学の核心となる部分である。その連続性を考えるさい、もっとも重要な働きをなすのは、首都機能である。すなわち、人口の集中、地方への管理中枢機能、文化センターといった首都機能は江戸と東京を連続させていたのである。

都市は、本来、知識、情報といったかたちなきものをつくることをその機能としてもっている。なかでも江戸東京が首都であるがための、情報の集積効果は絶大なものがあった。

それを江戸と東京とに二分して研究するのでは、その本質を見きわめることは不可能であろう。そこに従来の時代別研究法だけでは把握できないものが存在する。

もちろん江戸時代に情報という言葉があったわけではない。しかし、幕府は参勤交代というかたちをつうじて、全国の情報を江戸に集積し、強大な政治権力を発揮しうる体制を確立していた。江戸が世界に先駆けて百万都市になりえたのも、一八世紀後半以降、文化創造の拠点たりえたのも、この情報集積の効果があったからである。いいかえれば、江戸は情報センターとして機能していたのである。

たとえば、情報産業の源流は、一八世紀後半に、上方資本から独立してゆく江戸書物問屋が、それに該当するであろう。また手づくりの情報収集家としては藤岡屋由蔵《ふじおかやよしぞう》の名が浮かぶ。由蔵は神田御成道《おなりみち》で古本屋を営むかたわら、自分の見聞した江戸市中のできごとを記録編集した。文化元年(一八〇四)から六五年間にわたる『藤岡屋日記』には、幕府の政策や人事をはじめ、世相を諷刺した落首・落書の類や、新聞の三面記事に相当する市中の諸事件などが記録されている。

「本由は人の噂で飯を食い」という川柳があるかぎり、情報の売買をしていた可能性はじゅうぶん考えられる。その情報の買い手は各大名の留守居役《るすいやく》がおおかった。留守居役は「聞番」などと称されたように、ほかの大名家の動向を調査し、江戸および諸国の情報収集をおもな任務としていた。そして「留守居抜目あれば、主家の落度と或事あり」（『昇平夜話』）といわれるほど、大名家の盛衰にかかわったから、情報収集に躍起《やっき》となるのは当然であろう。

また、今日の新聞の元祖とみられる瓦版は、すでに一七世紀の半ばすぎからさかんになったといわれる。もちろん瓦版の情報の正確性や客観性に疑問がおおいことはじゅうぶん考えられるが、ときに権力内部の老中以上でなければしりえない情報ですら江戸市民が把握していた場合もあった。このように、市民によって育てられ発展してきた瓦版の使命は大きいものがあった。

また、瓦版の情報機能も重要である。ことに瓦版を支える江戸庶民の発想のなかには、通報、報道、報告といった伝達機能のほかに、人情、感情、情緒性などエモーショナルな内容をふくむ記事が散見できる。ソフトウエアの開発に腐心《ふしん》している今日的情報社会においても注目される視点である。

江戸と東京の都市空間の連続性は重要だが、これについてはつぎの「都市空間の特性」の章でのべることにしよう。

江戸から東京への変化は急激で、一見したところ、江戸の面影など現代の東京のどこを捜してもみあたらないようにみえるが、江戸初期に形成された市街地の基盤は、そのまま今日の東京にうけつがれてきている点をとくに指摘しておきたい。

つぎに江戸東京の初等教育の問題にふれてみよう。

日本近代のめざましい発展を陰から支えた江戸以来の庶民教育の重要性が、指摘されるようになってから久しい。しかし、江戸の寺子屋の伝統が、東京の近代公教育史上きわめて重要な役割をはたしたことはあまりしられていない。

アメリカ駐在の森有礼《もりありのり》は、明治初年(一八六八)、のちに日本の近代教育の父といわれたダビット・モルレーに対して、日本の初等教育はこれからはじまるとのべている。この言葉に象徴されるように、江戸時代の庶民教育に重要な役割をはたした寺子屋は政府首脳や地方行政官からまったく否定され、その伝統は断ち切られてしまった。しかし、東京の場合は、こうした全国的動向とはまったく異なり、寺子屋の伝統をうけつぐ私立小学校がおおく、その存在を無視して近代公教育は語れない。たとえば、明治一二年(一八七九)の公立小学校と私立小学校の関係は一九七校対六九八校で、私立小学校が公立小学校の約三・五倍である。明治四〇年でも一二九校対一四三校で、やはり私立小学校数が公立小学校を上まわっている。

このように東京に江戸時代からの伝統にねざす私立小学校が存続したのは、日本のどの都市とも異なる現象であった。

それだけ江戸寺子屋の伝統が明治の東京に根づよく連続して、近代公教育の一翼をになったのである。

非連続性

江戸をすて、近代都市東京の建設をめざした明治政府の政策推進者は、のちに鹿鳴館《ろくめいかん》時代を現出させた井上《いのうえ》馨《かおる》に代表される。

井上は、明治五年（一八七二）二月の大火を契機に、江戸以来の火災都市と訣別すべく、東京不燃都市計画の第一歩として銀座煉瓦《れんが》街の建設を急いだ。銀座煉瓦街の建設は、東京全市を煉瓦街化するモデルケースとしておこなわれ、江戸以来の悪しき大火を根絶しようとするつよい意志がふくまれていた。

しかし、日本特有の梅雨期の異常な湿気をじゅうぶん考慮せず、家屋そのものが黴《かび》るような不始末が頻発した。加えて、四季をつうじて壁で仕切られるせまい限定空間での生活に対する不満が増大して空屋を続出させる結果を招いた。

この失敗を挽回《ばんかい》すべく井上は、あらたに東京をパリのような都市に改造する計画を推進しようとした。プロシャのビスマルク内閣建築顧問官のエンデとベックマンを招いて図面化した、日比谷官庁集中計画案（明治一九年）がそれである。

ベックマンの計画案は、ただたんに依頼をうけた諸官庁の配置計画だけにとどまらない。

現在の有楽町駅付近に設定した中央駅をはじめ、いまの国会議事堂、皇居、浜離宮など広汎な地域に、大通り、広場、公園、シンボルタワーなど、近世ヨーロッパ風都市設計の諸要素を展開した大規模な計画であった。しかし、明治二〇年（一八八七）九月、井上の失脚とともにこの案も水泡に帰し、わずかに霞ケ関の法務省にその名残をとどめているにすぎない。この東京改造計画はついに幻と終わって、欧化主義者の壮大な夢は消えた。

こののちの東京の表通りは、銀座をのぞいて江戸風の蔵造の町並になっていった。このように建造物の欧風化現象とはまったく逆の軌跡を東京の町並がたどるようになったのはなぜか。

その理由は吸湿性と保温性が抜群な土蔵造が、わが国の気候風土に適していたことと、建築費が煉瓦家屋より低廉ですむ点にあった。したがって明治一四年（一八八一）の東京中心街の路線防火線決定のさい、石造、煉瓦造に加えて土蔵造も建築許可されるようになれば、土蔵造の建築が急上昇するのは当然の帰結である。

これは庶民の好みを汲みとった松田東京府知事の決断によるところが大きい。それは結果的に政府主導の拙速主義開化論に対する痛烈な批判となっている。

かくして、江戸を断絶しようとした明治政府高官の意図は、江戸を否定しながらも、結果的に連続するという皮肉な結果を招いたのである。

3―都市特性の分析視角

都市空間の特性

江戸東京学の重要な研究課題は、都市としての特性の分析である。もちろん江戸東京の都市特性は多種多様で、詳細は本事典（註、『江戸東京学事典』）の大項目分類や、中項目の解説を参照されたい。

ここでは、三つの問題に関して瞥見《べっけん》することにしたい。その第一は、都市の空間の特性である。江戸から明治の東京は水の都であった。隅田川を中心に、日本橋川や神田川が物資輸送の動脈として機能し、水運は都市交通の重要なにない手であった。

かつて、海の手とよばれた低湿地を埋め立て下町ができた。その下町の都市空間の特色はまさに「水の都」だった。

江戸が武士の都である以上、下町周辺にも大名の中屋敷、下《しも》屋敷、抱《かかえ》屋敷などが点在していたが、下町はおもに小商人や職人が集住する活気にあふれた町であった。そして大都市特有の盛り場が水辺に形成され、雑踏をきわめた。さらに社寺の祭礼、縁日、開帳等々のイベントは、そのにぎわいを一段と華やかなものにしていた。

その江戸のにぎわいを現代東京の下町に求めるのは困難である。表通りは、世界の近代都市に共通する無性格な表情がみられ、高層ビルの谷間は、車の騒音に苛《さいな》まれている。しかし、一歩横丁の路地に歩を進めると、そこは江戸下町の人情味につうじるホットな空間を見いだすことができる。

元来、江戸の町割は表店《おもてだな》と裏店《うらだな》との組みあわせによって成り立っていた。表店のビジネス空間と、裏店の生活空間の雑居性は、江戸下町の都市空間の特性であった。その表店は時代の変化に対応しながらいちじるしい変化を遂げたが、裏店の生活空間そのものは現代にも生きつづけてきたのである。

口数はおおいが、底抜けにお人好な人たちが踵《きびす》を接して暮らしている路地裏には、ヒューマンな隣人愛が満ちている。その生活規範は「世間様第一」といった、江戸以来の近隣関係第一主義が生きている。それでいて住民同士は他家への不干渉主義に徹した複雑な生活意識をもっていた。それは、農山漁村のような運命共同体的地縁集団とは異なる都市型共同体の様相を呈している。それが江戸東京の下町に展開する都市空間の特性といえよう。

いっぽう、武蔵野台地に発達した山の手は、緑に包まれた田園空間を形成していた。この山の手のおおくは、大名、旗本、御家人《ごけにん》の住む武家地であった。

武家地の江戸市内（朱引内）にしめる割合は、およそ七割、あとの三割の地が寺社地と町地に二分されていた。その武家地の面積は七六四万二五九一坪あまりで、朱引外の四〇〇万八五七一坪あまり等を合計すると、武家地はじつに一一六五万二五九一坪あまりとなる（明治二年五月調査）。

世界の大都市のうち、都心に緑をおおく残すのは東京が筆頭である。その理由は、旧武家地の修景保存によるところが大である。たとえば、将軍家の江戸城は皇居に、徳川御三家の上屋敷・中屋敷は迎賓館《げいひんかん》や青山御所に転用されている。また都民のオアシスとしての新宿御苑は高遠《たかとお》藩内藤家の中屋敷、明治神宮は彦根藩井伊家の下屋敷の跡地である。

このように東京都心に緑のおおいのは、旧武家屋敷のはたした役割が大きかった。いいかえれば、山の手の旧武家屋敷が、東京の砂漠化の緩衝剤《かんしょうざい》的役割をはたしてきたのである。

東京山の手の都市空間のもうひとつの特性は、近代にいたって西南にいちじるしい伸長をみせたことである。これまで雑木林や麦畑や蕎麦《そば》畑であった中野、杉並、世田谷、大田の各区は、関東大震災前後から急速に住宅地に変貌し、新山の手を形成するにいたった。そして現代は、本郷、青山、世田谷についで第四山の手を多摩丘陵に設定する考えかたもでてきている。

いうまでもなく、交通手段の発達が、行政区分をこえて都心のイメージすら拡大しつつある。このような山の手の無限定な拡大と、いっぽう海の手の埋め立てによる都市拡張構想は、江戸初期の都市計画の延長線上に位置づけられる。ちがうのは都市拡張の基軸が、江戸は江戸城を中心として拡大していったのに対し、現代は新宿副都心に重心移動していることだけである。しかも、江戸初期における利根川水系の流路の変更、荒川水系の江戸導入、小名木《おなぎ》川、神田川の開削《かいさく》などのダイナミックな土木工事の遺産をそのまま今日にうけついでいるのである。

いいかえれば、江戸開府当初からの都市計画は、山の手と海の手の自然条件に多少の変更を加えながらも、それが生かされてきた。現代の東京に依然として坂道と橋がおおいのもそのためである。江戸東京は、自然を徹底的に排除して、人工的な空間を築いた西欧都市とはまったく異なるコンセプトをしめしているのである。そこに江戸東京を一貫する都市空間の最大の特性がある。いわば西欧的基準で測定できない柔軟性のある都市空間をもっているのが江戸東京である。

文化創造の基盤

都市は人を自由にする。と同時に人を育て、人の過失を地方ほどに記憶しない。そして、人と人との交流が容易で、その交際圏は重層して発展する。この大都市特有の特性を、日本において最大限に発揮しつづけてきたのは、江戸東京である。一八世紀の後半、宝暦、明和、安永ごろの江戸には、いくつかの交際圏（サロン）が成立し、文化創造に大きな役割をはたした。

たとえば菱川師宣《ひしかわもろのぶ》以来の黒一色の版画が飛躍的にかわるのは、鈴木春信《すずきはるのぶ》の錦絵創出以来のことである。それはまるで蛹《さなぎ》が蝶《ちょう》に変化するほどのできごとで、江戸文化の粋として世界に喧伝《けんでん》されている。この変身をもたらす背景には大久保サロンが深く関係していた。

大久保サロンは、牛込に住んだ旗本大久保甚四郎巨川《きよせん》（一六〇〇石取り）を中心とする交際圏をさす。ここでは、趣向と機知をきそいあう暦の品評会、交換会がしばしば催された。それを旧暦に大の月と小の月があるところから大小会とよんだが、この大小会こそ錦絵誕生の母体と考えられている。そうであれば、旗本、御家人、町人、職人（画工・彫師・摺師《すりし》）ありといった身分階層の多重性のなかから錦絵は誕生したとみてよい。

いっぽう、森島中良《もりしまちゅうりょう》の『反古籠《ほごかご》』によれば「錦絵は翁（平賀源内《ひらがげんない》）の工夫なり」とあるから、錦絵誕生の背景に源内の存在は無視できない。春信と同じ町内（神田白壁町）に住んだのが源内であり、かれの博覧強記《はくらんきょうき》ぶりからすればおおいに関係があるというべきだろうか。

源内といえば、かれの家に寄宿した秋田蘭画の小田野直武《おだのなおたけ》との関係に思いは飛ぶ。そして直武といえば、秋田藩主佐竹曙山《さたけしょざん》が浮かぶ。しかし、それ以前に源内の旧主讃岐高松藩主松平頼恭《まつだいらよりたか》との関係を第一に考えるべきであろう。頼恭にしても曙山にしても江戸在府中に自己の文化性をみがき、絵画に文筆にすぐれた業績を残している。このように江戸という都市がもつ交際圏は幾重にもかさなり、ひろがりをもっていった。

その意味から注目すべきは須原屋市兵衛《すはらやいちべえ》の申淑堂《しんしょどう》サロンである。かれは上方《かみがた》資本からの支配をのがれ、江戸書物問屋独立の旗頭として有名であった。彼は源内の『物類品隲《ぶつるいひんしつ》』や杉田玄白《すぎたげんぱく》の『解体新書』、林子平《はやししへい》の『海国兵談』などを出版している。一歩誤れば、手鎖《てぐさり》程度の刑罰ではすまされない危険を覚悟で、江戸出版界に清新の気を与えた。申淑堂サロンを形成したほかの人物に、大田南畝《おおたなんぽ》、森島中良、宇田川玄随《うだがわげんずい》、平秩東作《へづつとうさく》など第一級の文化人、医学者の名が浮かぶのも当然であろう。

また、申淑堂よりやや遅れて安永年間（一七七二〜八一）から活躍しはじめた耕書堂蔦屋重三郎《こうしょどうつたやじゅうざぶろう》の蔦重サロンの関係者もおおい。喜多川歌麿《きたがわうたまろ》、東洲斎写楽《とうしゅうさいしゃらく》、鍬形蕙斎《くわがたけいさい》、葛飾北斎《かつしかほくさい》、大田南畝、山東京伝《さんとうきょうでん》、朋誠堂喜三二《ほうせいどうきさんじ》、恋川春町《こいかわはるまち》、滝沢馬琴《たきざわばきん》、十返舎一九《じっぺんしゃいっく》等々、天明期を代表する江戸の文化人はみな蔦重サロンと関係をもった。写楽や北斎のデフォルメされた画法も、歌麿の大首絵《おおくびえ》という襟足の美学の発見も、みな蔦重がふかくかかわっていたと考えられる。いまや世界的な評価を得ている歌麿、写楽、北斎など独創性ゆたかな浮世絵は、こうした江戸独特のサロンの文化性を無視しては語れないのである。

そしてもっとも注目すべきは長崎屋の存在である。日本橋本石町三丁目、時の鐘に隣接してあった長崎屋は、長崎から江戸参府するオランダ人の定宿であった。オランダ商館長一行が一年にわずか二〇日間ほど滞留するあいだに、杉田玄白も桂川甫周《かつらがわほしゅう》も平賀源内も、のちにシーボルト事件で問題となった高橋景保《たかはしかげやす》もここにかよって新知識の吸収につとめた。鎖国日本の唯一の窓長崎のほかに、江戸日本橋界隈にもうひとつ大きな窓が世界に開いていたのである。

こうした動きは、その文化内容や文化の質を異にしながらも、近代の数おおくのサロンに連なっている。夏目漱石《なつめそうせき》の文学サロンや、麻布龍土軒《あざぶりゅうどけん》の芸術文化サロン、また新宿中村屋サロンなど、サロンは江戸から東京へと連続している巨大都市の文化として独特な位置づけができるであろう。いうまでもなく、文化創造の基盤は思索にある。その思索をうながす条件として私的な時間と、私的な空間が必要である。その条件を満たすのが文化サロンである。その雰囲気が江戸と近代の東京に色濃く残されていたとみられるのである。

文化の創造に関連して、江戸東京の都市としての魅力はほかにもさまざま考えられる。青雲の志をいだく青少年のはてしない向学心を満たし、自己の文化性や芸術性を練るにふさわしい高度な情報が得られるという点で、全国どの都市よりも江戸東京は優位に立ってきた。

また所得向上の機会や、立身出世の糸口がみつけやすいという利点をもったのも江戸東京である。さらに、江戸東京のもつ非因襲《いんしゅう》性や、非身分性、さらに匿名《とくめい》性や変身の可能性を視野にいれれば、遊びの都市空間が随所に展開していたことがわかる。遊びは文化の初源であり、遊びのないところに文化は生まれない。

しかし、荻生徂徠《おぎゅうそらい》が『政談』で指摘するように、石川天崖《いしかわてんがい》が『東京学』でしめすように、江戸東京は、人を堕落に導く魔性をもっていた。そのことにじゅうぶん考慮を払っても、なおかつ江戸東京という都市空間が、人の心にはずみをつけていった。そして、文化生産性を幾重にも拡大して、人の精神を昂揚せしめる作用をもたらしたと思われる。そこに江戸東京のもつ独特の文化性が発見できるのである。

都市の日常

先ごろ東京から佐賀に単身赴任した夫に、毎日自製の絵ハガキを送りつづけた主婦のことが話題となった。いまや社会問題化した子どもの教育問題、夫婦の在りかたや家族のきずなの問題を、心をこめた絵ハガキによって、無難に乗りこえたのである。

この話とは逆に、東京に会社の本社機能が集中し、速報性の高い情報が集中しているとなると、地方から東京への単身赴任者の数も増大しつづけている。しかし、それは現代だけの現象ではなく、江戸から一貫する首都の特徴とみなせるのである。

たとえば参勤交代による江戸詰藩士のほとんどが単身赴任であった。また町人社会の江戸店《えどだな》も同じで、江戸店使用人はおおく、独身男性によってしめられていた。

その結果、町人社会の人口調査のはじまった享保年間（一七一六〜三六）から延享年間（一七四四〜四八）にかけては、男性一〇〇に対して女性は五七から五九という極端な数値をしめしている。まさに江戸の町人社会は男性過剰都市であり、武家社会の状況も加算すれば、男女差はますますひどくなる。したがって、俗謡に「九尺二間にすぎたるものは、紅のついたる火吹竹」とあるように、長屋に新妻を迎える喜びは格別だった。もちろん、その差は幕末から明治初期にいたって減少するものの、男性過剰の現象は江戸から東京へつづく特性であった。

また現代の東京には、農閑期を利用した出稼人《でかせぎ》が数おおく存在する。ことに土木・建設工事に従事する季節労働者のなかには、東京にいつづけ、故郷の農家の労働を妻や両親にまかせきりという人たちも年々増大している。こうした出稼人の問題も、江戸で椋鳥《むくどり》といわれた信越からの季節労働者の歴史をふりかえってみなければ、その本質は把握できないのではないだろうか。すなわち、米の単作地帯や畑作による農家の家計は苦しく、冷害や日照りが二年もつづけば、それで崩壊する農家も決してすくなくなかった。

それゆえ江戸にでた椋鳥たちは大飯は食べるが、どんな重労働にも耐え真面目によく働いた。各藩も本来耕作地におくはずの農民の行動を暗黙のうちに認めてきた。こうした江戸以来評価の高い季節労働者の勤労意欲が現代にも受け継がれているのである。

つぎに、一大消費都市としての江戸東京の特性についてみよう。江戸を一大消費都市たらしめた最大の理由は、いうまでもなく大名の江戸詰制にあった。江戸詰制には、大名の参勤交代の供をし、その在府期間の一年間を江戸に詰める参勤江戸詰と、参勤交代に関係なく、大名の国詰中も江戸の留守を守る留守江戸詰の二種類があった。

小藩で二割程度、大藩で一割程度の家臣団が留守江戸詰をしたが、その場合ですら、江戸の歳費が本国のそれを上まわったといわれるから、参勤江戸詰の場合は、藩財政の七、八割を江戸で消費したといわれる。いかに参勤交代が大名の財政悪化の原因となったかが理解されよう。裏をかえせば、それだけ江戸の消費経済をゆたかにし、町人の経済活動を活発にしたのである。

呉服太物《ふともの》問屋の反対にもかかわらず、「現銀掛値なし」の商法で成功するのが越後屋で、また居酒屋で升酒《ますざけ》を売る小商人《こあきんど》が薄利多売で成功し、御用達商人になりあがったのが豊島屋である。いずれも一大消費都市江戸ではじめて考えられるアイデア商法で成功をおさめた。武家社会を中軸に、それに依存して生業を立てていた江戸と現代東京とでは、その消費経済のメカニズムは相違している。にもかかわらず、現代の大衆消費時代にも適応する先駆的商法がすでに江戸に誕生していたのは、一大消費都市としての特性が江戸から東京へ連続していたことをしめしている。

また都市施設としての水道、道路、病院、墓地等々を考える場合も、江戸からの経緯を理解することは現代東京にとって必須の要件となる。たとえば、赤坂溜池上水から神田上水へ、さらに玉川上水の開発など、幕府の機敏な対応は、武家社会の維持を第一目標としながらも、町人人口の増大に対応する適切な処置であった。それに対して近代水道においては東京が、大都市中一番おくれをとったのは、江戸からの都市施設に頼りすぎた結果である。

近代水道のおくれは東京に伝染病を瀰漫《びまん》させた。しかし、それ以上に東京人を悩ませたのは江戸煩《わずら》い、すなわち脚気衝心《かっけしょうしん》による死者の数である。

ことに職人層の食べる白米は、一日五合平均といわれ、「麦飯喰うくれえなら死んだほうがましだ」という風潮は、東京に二四か所の脚気専門病院の設置を余儀なくさせている。

当然、西洋人と日本人との体格比較論や、頭脳比較論が東京人の話題となり、上層階層には、肉食のすすめにみられるような滋養第一主義がかまびすしかった。

こうして日常生活の基準が揺れ動いていた時代から、衣食住における和洋折衷の定着によって、都市の日常にある種の安定感が感じられるようになるのは、サラリーマンに代表される新中間層の増大によってである。

第一次世界大戦による好況が、生活レベルの向上をうながし、東京市内の小住宅に、アパートと称する集合住宅に、家庭の平和を楽しむ階層が増大した。しかし震災後のサラリーマン層は恐慌と失業によって腰弁といわれるみじめなイメージに変化していった。神田、丸の内界隈を腰弁街道といったのはこのころである。

しかしいっぽうでは「事務的飲食時代来る」といわれるほど、外食の風潮がめだつようになってくるのである。

大正から昭和初期の世相を瞥見《べっけん》していえるのは、現代東京の日常生活の基盤が、ほぼこのころに成立したとみられる点である。たとえば、女性の和装・洋装の二重性、食・住文化における和洋折衷等々である。それは日本人の生活の知恵が庶民生活の日常に結集したあらわれである。そうした傾向は、東京生活に顕著にあらわれ、徐々に地方へもつたわってゆくパターンをつくりあげていった。

そして戦時体制に突入、一五年戦争下の東京の暮らしの異常性は、戦火のひろがりと同時につよまって、だれかれの区別なく耐乏生活を強いたのである。

それとは対照的に、高度成長期下の日常生活は、物の使い捨て、飽食傾向を助長していった。折からの石油ショックは東京人の生活意識に動揺を与え、高度成長期のおごりへの反省をうながした。

現代の東京は流行、ファッションの国際化、二四時間の街の誕生など、世界につらなる都市としての傾向が顕著である。二四時間都市東京の象徴、六本木には、四季折々、雪月花に自然美を求めた江戸の遊びの優雅さはない。また『江戸名所記』にあるような隅田川での「世の好事の大名小名そのほか貴賤上下のともがら舟をかざり」といった舟遊びの興趣はない。さらに吉原や芝居町での豪奢な遊びも現代にはない。だが、盛り場に都市民の哀歓のはけ口を見いだそうとする傾向は江戸も東京もかわりはない。江戸東京の盛り場にとうとうとして流れる生活者のエネルギー、ひいては都市の猥雑《わいざつ》さに注目したい。

江戸の日常生活をしるうえで画期的なできごとは、考古学の発掘成果である。たとえば、鍋、釜、庖丁、オロシガネ、杓子《しゃくし》、俎板《まないた》、擂粉木《すりこぎ》、椀《わん》、箱膳《はこぜん》、折敷《おしき》、箸《はし》、そのほか貝杓子や陶磁器、土器などが町屋跡などから発掘されている。

それらは今日の台所用品とほとんどかわらない器物がおおく、現代食生活の基本型が江戸中期に完成していたことを推測させるにじゅうぶんなものがある。

また、独楽《こま》、羽子板《はごいた》、将棋《しょうぎ》の駒、貝独楽《べいごま》、賽子《さいころ》、泥面子《どろめんこ》等々の出土も文献では得られない具体性をもって、当時の子どもの遊びを彷彿《ほうふつ》させる。

そのほか衣服の断片や、水の濾過器《ろかき》、水がめ、水道管、塩壺、お歯黒《はぐろ》道具や、分骨用骨壺等々、武家や町人の生活実態を物語る資料が発掘されている。

こうした江戸東京考古学には、江戸の日常生活のみならず、近・現代の東京の日常生活を再発見するゆたかな成果が期待されている。

4―今後の課題

比較研究の重視

京都、大坂、江戸の三都比較論は古くから展開されてきた。この三都市の発展の歴史が、じつは直接・間接的に日本の歴史全体にかかわり、いわば日本歴史の縮刷版を呈していると考えられてきたからであろう。

京都は八世紀末の平安遷都以来、日本の中央都市として成長発展し、幾多の変貌をとげながらも政治・経済・文化のすべてにわたって、その中央性を発揮してきた。しかし、一七世紀後半の寛文期（一六六一～七三）以降、大坂にその主導権を奪われてゆく。大坂は中世末期の本願寺寺内町から、秀吉による大坂城建設以降急速に発展し、徳川政権下における大規模な都市改造によって、軍事都市から商業都市へ大転換していった。その大坂が、いわゆる「天下の台所」として機能しはじめて、全国市場と情報機能をもって、経済の中央性を発揮した。

その京都・大坂とつづく都市の中央性は、一八世紀以後、江戸が引きついでいった。政治都市の性格に加えて、江戸が文化面でも中央性を発揮しはじめたことは「文化創造の基盤」の項でのべたとおりである。もちろん大坂の経済的中央性は幕末までかわるところがなかったが、江戸地廻《じまわ》り経済圏の確立以後は、経済面でも大坂の優位性はしだいに弱められていった。

近代以後、東京は政治・経済・情報・文化・教育の諸相において断然その中央性を発揮するが、いまもって京都・大阪・東京には、それぞれ独立した、無形の市民意識が存在する。

一九世紀に九州日田《ひた》の人であった文人広瀬旭荘《ひろせきょくそう》が、「京ノ人ハ細ナリ。大坂ノ人ハ貧ナリ。江戸ノ人ハ夸《おごり》ナリ。京ノ人ハ矜《おしむ》気多ク、大坂ノ人ハ殺気多ク、江戸ノ人ハ客気多シ」(『九桂草堂随筆』)とのべ、三都人気質を総括した。この広瀬の総括が、そのまま今日の京都人・大阪人・東京人にあてはまるかどうか問題がある。

現代の三都は、いずれも巨大な地方人口を吸収して、三都市とも住民意識に大きな変貌があると思われるからである。それにもかかわらず、三都人気質にはあきらかな相異がある。

たとえば、京都人はマナーを尊重し、過去の栄光に対する自尊心に執着し、大阪人は、未来に対する着実な見とおしと合理的努力をおしまない。それに対して、東京人は体制依存の意識からくるのであろう、臨機応変の処置をとる能力にすぐれているといわれている。もし、このような傾向が一般的に認められるとすれば、日本文化における東と西の問題を考えるうえでも、日本人の行動様式を考えるうえでも重要な示唆を与えることになろう。

このような三都比較のみならず、地方都市や、地方農村との比較の大切さはいうまでもない。

この国内比較と同時に国際比較の重要性も高い。東京が現今世界注視の的となっているのは、あらゆる都市機能が集中し、雑然として、いまその歪《ひずみ》が問題とされながらも、ダイナミックに活性化している都市である点にある。

東京の雑然とした都市の様態を考える場合、とりわけ低層高密で、用途の混在しているアジア諸都市の居住空間との共通性に注目すべきであろう。それは東京が近代化の過程で失ってきたアジア的な生活文化の原点を再発見する意味からも必要である。

また、世界の主要都市、たとえばロンドン、パリ、ニューヨークと東京との比較研究も都市研究のうえでおこなわねばならない課題であろう。もちろん地域、国情、文化の質の違う欧米の都市と東京との都市構造や建造物の単純比較は困難である。しかし、市域の拡大状況や人口動態、あるいは流通経済、情報の仕組みの比較は、都市の特質を解明するうえで必要な条件ではなかろうか。また、ロンドンっ子、パリっ子と江戸っ子（東京っ子）の意識の比較研究も、住民意識の本質をするうえで興味ぶかいテーマである。

異質文明下のパリと江戸に、都市なるがゆえの共通性が期せずして存在する。フランソワーズ・パームの「パリの読書クラブ」（『都市空間の解剖』）をみると、一九世紀のパリには四六三か所の読書クラブがあり、さかんに活動してある種のコミュニティーを形成していたことがわかる。

当時の江戸に読書クラブはないが、それより半世紀以前に貸本屋があらわれ、本を背負って一軒一軒家々を歩き、五日単位でまた回収し、手数料をとる仕組みがあった。パリの場合は、本をとおして仲間意識の発生があり、江戸の場合にそれはない。しかし、読書欲求という点では、パリ、江戸間に共通点を見いだしうる。それは、両都市の文化の成熟度とふかくかかわる問題として注目される。

このように、一見異質にみえる事柄にもあらためて検証することで、それぞれの都市の特質が浮かびあがってくるのである。

学際的かつ開放的

江戸東京学の対象は、従来のように、単一の学問分野だけでことたりるわけではない。およそ江戸東京に関係する学問分野が寄りあっておこなう学際的総合研究がもっとも大切な役割をはたすであろう。

たとえば、先に「都市の日常」の章でふれた、江戸遺跡の調査研究には、考古学、人類学、歴史学、建築史学、民俗学、地理学、都市社会学などの諸分野の専門家の知識が必要である。さらに遺跡・遺物の分析や測定には自然科学の知識もなくてはならない。また、出土品の保存収蔵の可能な博物館施設と博物館学の知識も必要となる。

また江戸東京学は、各研究者の精度の高い個人研究を大切にしながらも、諸学総合の視野に立って、巨視的展望に立つことを忘れてはなるまい。

そして、江戸東京学は象牙の塔の学ではない。庶民の日常生活や信仰心等々を研究対象とするかぎり、学問分野の幅は相当にひろい。これらの分野の研究に対しては、従来も市民グループによる活動は活発であった。たとえば、八王子ふだん着の会や中野市民グール等々、相当な成果をあげてきた。

こうした地元研究の輪がさらにひろがって、江戸東京の総合的な都市研究に発展することは、江戸東京学の望ましい姿である。そうした観点から開かれた学としての江戸東京学を構築したいものである。

エピローグ

明治以来、日本の近代化は西欧化をもっとも重要な歴史課題として歩みつづけてきた。そして、江戸時代後期を暗黒時代としてとらえ、それを否定し、明治維新こそ近代の夜明けとする見方が成立するにいたった。

たしかに、封建体制を打破し、形式的にもせよ四民平等をうたい、立憲体制が整備され、近代国家の体裁をととのえていったのは明治国家である。さらに産業革命を断行し、富国強兵路線を歩んだ。かくして、近代日本の工業社会の繁栄の基盤は確立し、前代を否定し、西欧化することこそ未来への発展が約束されると信じて疑わなかった。しかし、その工業社会が行き詰まり、情報化社会への転換が迫られ、人間性の尊重があらたな歴史課題となってきた。

いっぽう、あらたに登場したのが、江戸と現代を直結する考えかたである。すなわち、江戸文化の成熟度にあらためて目をみはり、江戸文化の完結性を強調する立場である。いわば、江戸完熟文化論とでもいうべき考えかたが、声高に叫ばれているのが現代の一面である。

江戸東京学はこの間、諸先学の業績に謙虚に学びつつ、明治維新を境に、分断して研究されてきた従来の姿勢をあらため、江戸と東京を一貫した視座からあらたにとらえなおそうとする視点に立つものである。冒頭にものべたとおり、江戸東京の都市としての特性をあきらかにし、その連続性や非連続性に留意するのは、とりもなおさず、江戸東京にきざまれた歴史のひだをふかく透過して、実証的に見すえることにほかならない。

たとえば東京はよくフェニックス都市だといわれてきた。明治維新の危機的状況からも、大震災や戦火の廃墟からも立ちあがったではないか。そのバイタリティーを、歴史の源泉から汲みとり、今日的課題に迫ることなどを意味している。

たとえば、関東大震災直後、ビアード博士に学びつつ、後藤新平らによって進められた帝都復興計画は、銀座の地主伊東巳代治らによって葬られてしまった経緯がある。

伊東は、明治憲法で保障されている土地私有権を持ち出し、地主の道路用地一部供与を拒否したのである。

この問題の背景には、江戸の沽券、さらには中世・古代における土地所有権の問題まで遡及して考えなければ、その本質は究明されない。諸外国に比較して、日本における土地に対する私権がいかに強大であったかを思わせる。

さて、ここにのべた江戸東京学の構想は、五年間にわたる本事典の編集会議の席上、議論された話題に導かれながらまとめたもので、文責はすべて私にある。もちろんその内容は、試論の域をでないが、本事典に寄せられた三〇〇名の執筆者の原稿は、それぞれ専門の立場からの鋭い論稿ばかりである。これら諸先学や、読者の皆さんから寄せられるご叱正が、本格的な江戸東京学の確立に向けられれば、これにすぎる喜びはない。

なお、企画の当初より熱意をこめて出版を推進された前田愛氏と、玉稿を寄せてくださった磯田光一氏が、本事典の完成を見ることなく他界された。謹んでご冥福を祈りたい。

第2章
江戸東京のトポス

第2章　江戸東京のトポス――1

隅田川随想

（『東京人』一九八六年創刊号）

一、流路

長命寺の桜餅を一籠膝にした伯母と一緒に、隅田川の川蒸気に乗った記憶を、芥川龍之介は次のようにいっている。

「僕の小学校時代に大川に浪を立てるものは『一銭蒸汽』のあるだけだった。或はその外に利根川通ひの外輪船のあるだけだった。」（『大東京繁昌記』）

明治二十五年生まれの芥川の小学時代といえば明治三十年代前半のことになる。一銭蒸気は吾妻橋から竹芝桟橋の水上バスに名残りを止めているが、外輪船は今は無い。しかも利根川がよいともなれば夢のまた夢の感が深い。

日本橋小網町の発着場を離れた定期船が、舷側に付けた大型水車の外輪で水を切りながら隅田川を遡及して行く。やがて船は小名木川に入って中川を通り、さらに利根川に出て銚子までかよっていた。陸上交通に馴れた現代人の感覚から、とうの昔に忘れ去られた水上交通の重要性を思い起こさせてくれるのが芥川の一文である。

もちろん銚子がよいの船便は江戸時代からの名残りで、銚子から栗橋辺りの利根川沿岸物資や人は、このルートを通って江戸に出ることが多かった。その起こりがいつなのかははっきりしないが、利根川と隅田川の関係は古い。

在原業平の『伊勢物語』に「武蔵国と下総の国とのなかにいとおほきなる河あり、夫をすみだ河といふ」といったころの隅田川は、実は利根川のことであった。関東平野の中央を真二つにして流れる文字通りの坂東太郎（利根川の異称）は、古くは江戸湾に注いでいた。それを銚子口へ流すように流路を変更したのは、江戸幕府である。

二代将軍秀忠から三代家光の時代にかけて関東郡代伊奈氏の手によって行われた改修工事は、それまで利根川の支流をなしていた荒川を入間川に接続して江戸湾に流すことだった。いうまでもなくその目的は発展する江戸の市街を水害から救うと同時に、埼玉の武蔵野原野の開拓にあった。

江戸時代小江戸と呼ばれた川越は、この隅田川の流路の変更によって栄え、川越新河岸川の賑わいは今でも語り草になっている。

また新河岸川筋は江戸の産業幹線水路として〝川越夜舟〟の名を残し、昭和初期まで続いた。ちなみに、徳川家康が行徳の塩を江戸に搬入するための〝行徳船（長渡船・番船）〟の名も忘れてはなるまい。

しかし、隅田川の流路変更は、自然の怒りにふれることもしばしばであった。にわかに田園化した旧利根川の川筋は、一たび長雨が続けば、猿が股・草加・越谷・亀戸・綾瀬を水浸しにして、さらに本所・深川・浅草を襲った。その様子は『東京市史稿』変災篇につぶさに語られているが、八代将軍吉宗のとき行われた堤の改修工事も、古利根川筋の氾濫対策の一つだった。

江戸切絵図を見ると、浅草・両国附近で隅田川の流路が二ヵ所くびれて細くなっている。さらに、隅田川東岸の堤が本所附近から、川沿いから離れて深く入りこんでいるのが墨堤である。

それは隅田川と綾瀬川が合流する鐘ヶ淵辺りを中心に、洪水の水を溜め、本所・深川の低地を水害から救うための策だった。今でも葛西地区の農家に水番小屋が残っているところがあるという。いうまでもなくその小屋は、洪水の際の避難小屋であり、交通手段としての小舟が必ず用意されていたといわれる。

隅田川は、『万葉集』には「角太」と記され、『伊勢物語』や『古今集』には「角田」あるいは「墨田」と書かれている。また享保の切絵図には「浅草川」と記され、「宮戸川」や「大川」という呼称もあった。また荻生徂徠以後の中国風異称には「隅川」「隅水」「澄江」「墨陀河」「墨河」「墨水」「濹」があった(『新撰東京名所図絵』)。このように隅田川の呼称は様々あり、その歴史の深さを物語って余りある。中でも江戸初期における流路の変更と、享保の墨堤大土木工事は、隅田川を語る際、決して忘れてはならないのである。

二、暮らしの原点

広重描く「東都名所」に「佃島入船ノ図」がある。佃島をバックに永代橋方向に積荷をいっぱいに積んで走る帆かけ船を描いた図である。

また広重の「名所江戸百景」の「永代橋佃しま」や、溪斎英泉の描く「東都永代橋之景」には、

広重「永代橋佃しま」

船溜りの風景が描かれ、隅田川も永代橋辺りまでは、千石船や伝馬船のひしめく江戸湊の様態をよく示している。

　いうまでもなく江戸時代の隅田川河口には、幕府の米蔵や材木蔵、各藩の蔵屋敷が並び新川筋には酒蔵が軒を連ねるという状況で、まさに江戸経済の心臓部をなしていた。

　新川は日本橋川と並行した掘割りで、上方から樽廻船などによって江戸へ送られてくるいわゆる〝下り酒〟の荷揚場をなしていた。下り酒は池田・伊丹・灘などの酒で、江戸人に最高の酒として賞味され、安永・天明期（一七七二〜八九年）には、年間百万樽内外が送られてきたという。江戸市中には〝下り酒問屋〟〝下り酒屋〟など、下り酒を専門に扱う問屋や小売店があったほどで、隅田川河口は、江戸の左利きにもゆかりが深い。

ここでいう隅田川河口は、永代橋より下流域を指しているが、家康入府後、江戸と奥州の交通確保のためかけられた千住大橋（一五九四年）のほか隅田川には橋は無かった。いうまでもなく軍事戦略上からである。

しかし明暦の大火（一六五七年）の際、隅田川下流に架橋されていなかったことが原因して万を数える水死者を出した。それ以後、両国橋（一六五九年）、新大橋（一六九三年）、永代橋（一六九八年）、大川橋〈吾妻橋〉（一七四四年）の順で、架橋された。芭蕉の句に「ありがたやいただいて踏む橋の霜」とあるのは新大橋の完成を祝ったものだが、いかにも江戸町人の思いがにじみ出ている。

この隅田四橋はいずれも木橋で、およそ二十年毎に架け替えなければならなかった。その工事には巨額の費用を要したことから幕府は、享保四年（一七一九年）には永代橋、延享元年（一七四四年）には新大橋をそれぞれ廃止しようとした。しかし、この橋の恩恵を被る町人達の強い嘆願によって町方に下げ渡されることになった。幕府直轄の両国橋を除く永代橋・新大橋・大川橋の三橋を維持するため、〝橋銭〟などをとったりした。しかし、文化四年（一八〇七年）八月、富岡八幡の祭礼の時、永代橋が落ち、一、五〇〇人余りの溺死者を出したりした。この事件がきっかけになって翌年、三橋会所が設けられることとなった。

三橋会所は、樽廻船と張り合っていた菱垣廻船の振興を旗じるしに、〝下り物〟を扱う船主などから出金させ、それを貸付けた利息で三橋の維持管理は勿論、改架費用に充当する仕組をいう。この三橋会所の発案者は日本橋万町の定飛脚問屋大坂屋杉本茂十郎で、彼は、この三橋会所創設を足がかりに十組問屋（大坂・江戸間の荷物運送の株仲間）の頭取となって実権を握った。そして一時期は飛ぶ鳥をも落す勢いだった。

この三橋会所頭取以上に羽振りの良かったのは浅草蔵前の札差だった。蔵前の隅田川沿いに幕府の米蔵ができたのは元和六年（一六二〇年）、二代将軍秀忠のときである。将軍直属の旗本の多くと御家人は、知行地をもたず、いわゆる切米取りであった。したがって俸祿の切米受領の代弁をし、かつその売捌きを請負う札差が活躍する必然性がそこにあった。

旗本・御家人にしてみれば、手慣れない米俵を自ら取扱うより、むしろ札差に委任して手数料を払って売るべきは売り、貯うべきは貯える方が便利であった。しかし旗本・御家人のなかには、その年の切米を引き当てに札差から借金する者が次第に多くなってきた。かくて、「人は武士なぜ蔵宿にあてがわれ」と川柳によまれる状況を現出し、『世事見聞録』（一八四二年）の伝えるところによれば九十六軒の札差の年間利益は「凡そ三十万両程づゝ取り込む事密かに承りぬ」という状況を呈するようになった。

明和・安永頃（一七六四〜一七八〇年）、十八大通と呼ばれた痴れ者が江戸の町を濶歩したが、そのうち金翠、有遊、大口屋平十郎などは、いずれも札差であった。最も有力なのが暁雨大口屋治兵衛で、歌舞伎十八番助六のモデルとなった人物である。隅田川沿岸も、蔵前辺りはきせるの雨ならぬ、小判の雨の降るが如き活気に溢れていた。

北斎『隅田川両岸一覧』より「両国の納涼無縁の日中」

三、文化点描

永井荷風は明治四十二年(一九〇九年)、小説『すみだ川』を草している。初秋の月夜の晩、今戸橋でふと行きあった幼馴染のお糸が葭町に芸者に出る、それを重い足取りで送る十八歳の学生長吉の純愛からはじまる悲恋物語である。

しかし、この小品は単なる悲恋物語ではない。荷嵐自身その序でいうように、明治三十五、六年(一九〇二〜〇三年)の隅田川の景色を作中の人物の心に溶けこませて表現しているところに特色がある。たとえば「朝早く今戸の橋の白い霜を踏むのがいかにも辛くまた昼過ぎにはいつも木枯の騒ぐ待乳山の老樹に、早くも傾く夕日の色がいかにも悲しく見えてならない」と。(『荷風全集』第十五巻)

近代化の影に、年毎に消えて行く隅田川の江戸情緒を、せめて自分の知る記憶の中に追い求めて再現してみせる荷風の心には、隅田川こそ「少年時代の幸福なる記憶を呼び起し候」（『東京毎日新聞』明治四十二年八月十七日）場であった。そして荷風の少年時代への追憶は、北斎や広重の描く隅田川に連なって行く。

隅田川に画題を求めた絵師は数知れないが北斎の『絵本隅田川両岸一覧』三冊本ほどの傑作を他に知らない。隅田川を流れに沿って下流へ、また下流から上流へと、名所を点綴しながら、人物の動きと両岸の風景を縦横に描いている。

また北斎の大判一枚絵の「新板浮絵両国橋夕涼夜見世之図」や「富嶽三十六景御厩川岸より両国橋夕陽見」なども良い。さらに「江都両国橋夕涼花火之図」などは両国広小路や両国柳橋上の人物描写が生き生きとしている。

いうまでもなく北斎は宝暦十年（一七六〇年）九月、隅田川東岸本所の掘割りの町に生まれた。そして幕府の御用鏡師中島伊勢の養子、さらに浮世絵の彫師について版刻修業、また貸本屋の徒弟など勝川春亨の門に入るまでの少年時代は波瀾に満ちていた。六歳にして「物の形状を写すの癖ありて」と自ら『富嶽百景』跋文で記しているように、早くから絵心に目覚めた北斎は隅田川を遊び場として生育した。

それは荷風が少年期の幸福な追憶を隅田川に求めた以上に、北斎の身に染みついた「生命の泉」であったに違いない。そうでなければ「江都両国橋夕涼花火之図」や『絵本隅田川両岸一覧』のような迫力ある中にも愛情こまやかな傑作は生まれてくるものではない。

隅田川を描いた数においては広重にしくはない。その画風のおだやかにして風や空気の音まで感じさせるのは広重の隅田川である。

だが北斎の隅田川には強靭な気迫を感じさせるものがある。それは、御家人の家に生まれた広重と、苦難な出生の北斎との違いだけではない。

水を、掘割りを、隅田川を母として育ったところに北斎芸術誕生の秘密があるのかも知れない。かくみてくると、隅田川は文化創造の母胎の役割も果たしていた点でも大きな存在である。

第2章江戸東京のトポス―2

山の手の変貌

――東京の点描

（『文学』一九八五年十一月号）

江戸から明治への推移の中で、一国の首都東京ほどその激変を招いたところはあるまい。私はかつて、山の手空洞化現象の続く明治二十二年（一八八九）ごろまでの東京は、下町下層民主体の都市として見直す必要を説いた。それを当時の呼称東京《とうけい》・東京《とうけい》からとって〝東京時代〟といった（『東京庶民生活史研究』および『東京時代』参照）。

それとは逆に、主として山の手に展開されていた武家地の変貌を通じて、現代都市東京の意義を歴史研究の立場から考えてみたい。それが本小論執筆の動機である。

一　山の手と下町

江戸東京の立地は山の手と下町とから成っている。上野台地をはじめ本郷、小石川、牛込、麹町（貝塚）、麻布、白金等の高台地形は山の手を形成し、日比谷入江の埋立からはじまる都市造成作業は、次第に下町を拡大していった。そして山の手、下町という江戸東京を二分する地域概念ができあがったが、それはいつごろから一般化し、どの範囲を指していうのか、となると大変難しい。

『大日本地名辞書』（吉田東伍著、一九〇三年）によれば「江戸の山手、下町ということ、紫一本及び落穂集追加に見ゆるが、開府の当初よりの名称なるべし」とある。

また竹内誠氏は、人称の上にその住居地域を指す言葉として「山手のさるお方」とか「下町権左衛門」のように使われ、江戸時代も相当早い時期からの用語であろうとしている。（『講座日本の封建都市』）。

吉田のいう文献『紫一本』および『落穂集追加』は、いずれも天和年間の刊行で、江戸開府はそれより約八〇年さかのぼる。また竹内氏の指摘も江戸初期ではあるが明瞭な年月は示されていない。ところが福井藩『松平家譜』を引用した『麻布区史』に一六〇七年の用例があった。

　越前守忠直

〇慶長十二年

　一、同年（月日不知）山手ニ於テ屋敷ヲ賜フ、老臣本多伊豆守ニモ浅草ニ於テ屋敷ヲ賜フ

この松平越前の江戸山の手の屋敷地は麻布三河台に賜ったものだが、それは江戸開府の四年後のことである。であれば吉田・竹内両氏の推測は間違いないものとなった。

吉田説で次に注目すべきは、「山手」の名称起源についてである。すなわち吉田は『東京地理沿革志』が山の手は〝山の里〟の意で、「里字にテの訓あり、万里小路をまてのこうじと読ますが如し」とする説を批判して次のように述べている。「山の手の手は、ツテ(伝)の略にて、即方の義ならむ、行く手、上手、下手の類の皆同じ」としている。

下町については『東京府史料』（一八七四年）が「城下町ノ義ナルヘシ」としているところをみる

と、明治維新当初未だその概念規定は明確でなかったことを示している。吉田の下町説は「都内低地の総称にして日本橋、京橋、芝、神田、浅草、下谷の数区にわたり、山手の対名とす」としている。この吉田のいう下町の低地に対して台地、すなわち山の方向を指す漠然たる地域としての山の手概念規定は、山の里説より無理がないと思われる。

しかし、ここで注意を要するのは、本所・深川が下町に含まれていないことで、野崎左文の『日本名勝地誌』（一八九四年）も、同様の扱いをしている。ただ吉田は「芝」を下町に包含しているのに野崎はこれを除外している相違が見られる。このことは、浅草が下町の代表的な町と考えられるようになるのは明治後半以後と思われ、すくなくとも幕末以前には、浅草は下町の中に入っていなかった事実と合わせて考慮されなければならない問題である。本所・深川が一般に下町といわれるのはごく新しいことで、明治・大正期には「川向う」といわれていた。つまり、下町に包含される地域が、時代とともに変化拡大され、人によってもその規定する範囲が相違しているということである。同時にそれは、山の手についても同じことがいえる。ことに山の手の地域拡大化が急速に進む明治後半には、山の手は官員および勤め人の集住地、下町は小商人層、諸職人層、雑業層に加えて、近代産業の荷担者としての職工の集住地とし、単純な地域区分というより、そこに住む住民の身分階層概念を含む言葉としての意味合いをより強めていった。

こうした事情から、かつて私は『東京庶民生活史研究』および『東京時代』において、山の手、下町の範囲を次のように規定してきた。すなわち山の手は麹町、麻布、赤坂、四谷、牛込、小石川、本郷の東京十五区時代の七区とし、他の神田、日本橋、京橋、芝、下谷、浅草、本所、深川の八区を下町とした。

しかし『大東京繁昌記』（一九二七年）では、神田神保町を山の手の部に入れているところをみると、神田・芝に関しては再考を要する。『東京徘徊』（一九七八年）で冨田均氏が、本郷、小石川、牛込、四谷、赤坂、麻布、麹町のいずれも「山の手の中の下町」としていることなどを考慮に入れると、せめて海岸線の町屋が、区全体の一割程度の芝区は、山の手に入るべきである。その点『日本名勝地誌』の所説を支持したい。

したがって、麹町、芝、麻布、赤坂、四谷、牛込、小石川、本郷の八区を山の手として、他の七区を下町とするのが目下のところ妥当なところではなかろうか。

この山の手を中心に広大な面積を占める武家地に大変革をもたらしたのは、いうまでもなく江戸幕府の滅亡である。

二　大名屋敷地の上地

天下の総城下町江戸には万石以上の大名の数二六四、旗本五二〇五、御家人一万七〇〇四、与力同心並陸尺下男三万九〇九と「柳烟雑録」（『東京市史稿』市街篇第二十一）は記している。八代将軍吉宗の治下享保九年（一七二四）五月のことである。

そして、慶応四年（一八六八）八月の段階における各藩の江戸屋敷の状況を調査した「江戸藩邸沿革」（『東京市史稿』市街篇第四十九）によればその総数二八三藩を挙げている。まさに江戸時代三〇〇諸侯云々というのは、いわれなきことではない。

これらの諸藩が江戸に、それぞれ上・中・下屋敷、それにときには抱屋敷、添屋敷、蔵屋敷等々をもち、それも大藩に至っては五、六ヶ所ということになれば、江戸における大名屋敷地の占める割合は膨大なものであった。

それに、旗本屋敷、御家人の組屋敷、与力同心組屋敷等々を加えればなおさらである。明治三年(一八七〇)五月の調査によれば、朱引内の武家地七六四万四〇二〇坪余、朱引外の武家地四〇〇万八五七一坪余、計一一六五万二五九一坪余(都市紀要一三『明治初年の武家地処理問題』)であった。江戸市内を規定する朱引線はこの時期、極端に縮小されていたから、朱引外とあるのも天保期の江戸朱引線内に相当数の武家地を取り込むことができる。その天保期における朱引内にしめる武家地はおよそ六割、寺社地と町地が二割ずつであったと考えられている。

その武家人口も、大名、旗本、御家人、与力、同心および陸尺、下男をふくめておよそ五、六〇万人は下るまいと推定されていた。そのうち大名屋敷の空洞化は、すでに江戸幕府の権威失墜が歴然としはじめた文久年間から始まっていたが、慶応四年(一八六八)八月、新政府は江戸屋敷の処分方を諸藩に通知した。それによれば、まず郭内外を分け「本町通リ西北画シテ、郭内」とし、「東ハ両国川、南ハ芝口新橋川ヲ以テ郭内ニ准ス」とした(『東京市史稿』市街篇第四十九)。文中両国川とあるのは隅田川のことである。

かくして「諸侯ハ郭内各一邸。十万石以上郭外二邸。以下ハ一邸トス。大夫ハ郭内外ヲ論セス、並ニ一邸トス。旧旗本士邸ハ、皆之ヲ収ム」(前掲書)としたのである。しかし東京府達によれば、旗本でも新政府に出仕した者は「万石以下千石迄、郭内ニテ壱ヶ所、千石以下都テ郭内外ニテ壱ヶ所」の屋敷地が与えられる例外はあった。

さらに政府は明治三年（一八七〇）七月、東京府達をもって藩邸一ヶ所、私邸一ヶ所を定めて、八月二日までに回答するよう求めた。

いま信州高遠藩内藤若狭の場合を見てみよう。高遠藩は竹橋内の上屋敷を振り出しに、日比谷門内、麹町六丁目、西丸下、山下門内、西丸下、馬場先内、愛宕下、小川町、馬場先内、麻布市街町と十回の上地所替えの後、神田小川町に三六三〇坪の上屋敷地が定まったのは弘化二年（一八四五）のことである。

四谷新宿の地は、内藤家の中屋敷跡だが、天正十八年（一五九〇）拝領のころは一九万六七六〇坪余りもあったが、天和三年（一六八三）、元禄十年（一六九七）の二度にわたって上地が行われ、寛政四年（一七九二）以降の残地が六万六八五〇坪余りとなった。

下屋敷は本所に、元禄十年の四谷新宿上地の替地として三〇〇〇坪を下賜されたが、正徳三年（一七一三）に「御居屋敷ヨリ向寄悪敷御家来等差置候ニ付」（『東京市史稿』第四十九）という理由で返納している。従って下屋敷は下渋谷に四五七二坪、深川島田町に一七八一坪と預地四四八坪とがあった。

かくして明治初年高遠藩は、神田小川町に上屋敷三六〇〇坪、四谷新宿に中屋敷六万六八五〇坪、下屋敷は渋谷に五〇二〇坪、深川島田町に一七八一坪、総合計七万七二五一坪の屋敷地を領していたが、四谷中屋敷を官邸と私邸とに利用することとし、神田小川町の上屋敷と、下屋敷の下渋谷と深川島田町の計一万四〇一坪を政府に返納することを回答している。

次に彦根藩井伊二五万石の場合はどうか。上屋敷地は常盤橋から外桜田（現在の国会議事堂前憲政記念館の辺）に移ったのが寛永九年（一六三二）で、一万九八一五坪余を賜った。この上屋敷地には添屋敷地三七〇〇坪が附属していた。中屋敷地は赤坂門内（現在の赤坂プリンスホテルから麹町通りまで）の一万四一七五坪であった。下屋敷地は南八丁堀の七二七六坪が享保六年（一七二一）に上地され、以後はもともと寛永十七年（一六四〇）に下賜されていた千駄ヶ谷の一八万二三四二坪であった。抱屋敷地として高田に一ヶ所（坪数不詳）と、高田四ッ谷町に一万三〇〇〇坪があったが、いずれも幕末以前に譲渡している。従って明治初年における彦根藩の屋敷地は、合計二二万三二坪という膨大なものであった。そのうち外桜田の上屋敷地および添屋敷地、赤坂門内の中屋敷の計三万七六九〇坪を返納した。そして千駄ヶ谷の下屋敷地（一八万二三四二坪）に藩知事公邸と私邸とを併せて持つことになったのである。

たまたまこの地を明治三年（一八七〇）十月、兵部省から火薬庫にするため上地したいとの申し入れがあった。これに対して彦根藩は、藩公邸一ヶ所、私邸一ヶ所は政府の方針にそうものであり、あくまで替地を要求する態度を貫きとおし、結局千駄ヶ谷の先手組組屋敷の跡地に火薬庫ができることにおさまった（都市紀要一三『武家地処理問題』）。

かくして大正九年（一九二〇）以降、彦根藩下屋敷の跡地は、明治神宮の幽邃《ゆうすい》の森として残った。先に挙げた高遠藩中屋敷地は、新宿御苑として野鳥の棲家となっている。

このように、広大な旧大名屋敷地が現代東京のオアシスの役割を果たしているのは、天下の総城下町の大いなる遺産である。

しかし、大名屋敷地の多くは上地後ただちに官有地となるものが多く、内務省、工部省をはじめ、各官庁の用地、また大学および官立学校用地として転身していった。なかでも軍用地は一七四万三五一一坪（明治十二年『東京府統計書』）を占めていたことは、明治政府の富国強兵政策の東京における具現化として注目しなければならない。

三　山の手の田園化

上地され、官有地となって活用された武家地はよかったが、明治新政府誕生間もない東京には、荒廃した武家屋敷地がおおよそ三〇〇万坪（『法令類纂』巻四十七）も存在した。そうした当時の様子を『明治園芸史』は「市井亦自ら闃寂を極め、光景荒涼として人煙蕭索たり」と伝えている。

二代目東京府知事で政府の開墾掛を兼ねていた大木喬任《たかとう》は、当時最も有力な輸出品であった生糸と茶に目をつけ、その生産増強のため桑や茶を植えることを思いついた。表向きの理由は「方今ノ形勢此儘打過候テハ、次第ニ窮民相生レ遂ニハ不可救事ニ可二立至一哉ト深ク焦慮」（前掲『法令類纂』）とあるように、「府下庶民」の救済を目的とした。

かくして明治二年（一八六九）八月、府下邸宅接収地を開墾して桑畑や茶園とするよう太政官布告（『東京府日記』）が出されることとなった。

いまその条件を『東京市史稿』関係史料を総合し、さらに都市紀要一三『明治初年の武家地処理問題』を参考にしながら要点を示すとおよそ次のとおりである。

イ　開墾希望者中資産ある者にはこれを払下げ、資力なき者には貸下げるので、志願の者は絵図面を添えて願出ること。

ロ　払下げ又は貸下げによって地所を受取った者は、四ヶ月以内に桑茶をそれぞれ植付け、あるいは蒔付ける。

ハ　桑茶以外の作物の植付け、蒔付けは禁止する。

ニ　期日に至るも等閑に付してある場合は地所を取上げる。

ホ　桑茶、成木になるまでの期間、他の作物を間作することは許す。

ヘ　畠地は畠税、桑・茶税を取立てる。引受け後四二ヶ月以内は無税、四三ヶ月目から地所相当額の税を納めさせる。

ト　地味が桑茶栽培に不適の場合は畠作を許す。

チ　桑・茶税、畠税および地所払下げに対する上納金の使途は、救育所入費の補塡にあてる。

リ　桑・茶園の名を以て払下げた土地あるいは拝借地は、貸長屋を建てたり、または他の者へ分地して勝手に地税を取立てた場合には、地所を取上げるか、拝借地を取下げる。ただし、桑茶規則を守った上で情実によっては貸借、売買することは差支えないが、当事者双方から届出がなければならない。また拝借地の場合、家作が手狭で建増しすることは差支えないが、空地のないように桑・茶を植付けること。手がまわりかねて荒廃させるようなことがあれば、早々に返地させる。

以上のような条件である。この結果、約一〇二万五〇〇〇坪余りの地域に、桑・茶が植付けられた。地域別にみると、青山の一五万九〇〇〇余坪を最高に、一三万九〇〇〇余坪の小石川、一二万余坪の麻布、一〇万余坪の千駄ヶ谷、九万四〇〇〇余坪の駒込、九万二〇〇〇余坪の雑司ヶ谷、四万余坪の白金、三万七〇〇〇余坪の高田、三万六九〇〇余坪の牛込、三万六五〇〇余坪の麹町（紀尾井町）、二万五〇〇〇余坪の下渋谷がその主な所である（明治六年三月調査）。

従って、予定地の約三分の一が開墾されたことになる。

大木のあとの壬生基修東京府知事もこの政策を継承したが、東京府知事が由利公正に交替して間もない明治四年（一八七一）八月、この政策は東京府布達をもって廃止された。

その前後の事情について明確な研究成果はこれまで学会に報告されていない。東京都公文書館所蔵の史料を渉猟し、その私見を述べれば次のとおりである。

a　桑茶、ことに桑の栽培は簡単に生産性をあげることが困難であったこと。

b　なかには払下げ規準を無視して、利殖の対象として貸家業などを経営する者があらわれたこと。

c　規則違反者に断固たる処置をとらなかったことによる不満が爆発したこと。

d　大木、由利両知事の間には何らかの反発感情があり、いずれも人気取り的な行動に出たと思わせるものがあること。

等々である。この桑茶政策についての評価は、その推進者であった大木喬任自身、一国の首都の田園化はやはり失敗であったと、自ら認めている（雑誌『太陽』明治三十二年）。

私もかつて『東京庶民生活史研究』の中で、やはり桑茶政策は「失敗に終ったとみられる」と評価したが、それはいささか訂正を要する。その理由は、まず第一にこの政策が計らずも首都東京における山の手地区の土地利用の活性化をうながした点である。すなわち、桑茶政策に副って武家地の払い下げを受ける場合、その地価は一〇〇〇坪につき霞ヶ関一帯は二五円、番町・飯田橋辺りは二〇円、市ヶ谷・四谷・青山などは一五円という、途方もない廉価であった。そのこと自体土地利用の効率を高め、やがて近代都市に簇生する官員・サラリーマン階層の居住地区へと再生されたのである。「塀は頽れ、家は壊れて、寂莫たる有様、之が東京府の大部分を占めて居った」（前掲雑誌）という状況を一時田園化することによって白紙に還元し、その後の東京山の手地区の再開発に対する民間活力を急上昇させる働きをもったことである。

第二に挙げられることは、桑茶政策が明治四年（一八七一）八月に打ち切られたにもかかわらず、実際に桑茶園は私のいう「東京時代」、すなわち明治二十二年（一八八九）ごろまでは相当程度残っていた事実である。すなわち明治十八～二十年の「東京実測図」や、明治二十年の「東京実測図」によってそれは立証できる。

たとえば嘉永二年（一八四九）近吾堂版「牛込御門外原町辺絵図」と「東京実測図」との比較を試みると、牛込矢来町から喜久井町にかけての大名や旗本の屋敷地、および組屋敷地の多くが桑茶畠に変身していることが確認できるのである。

要するに旧武家地の桑茶園があとあとまで存続したことが、東京時代以後急増する人口に対応できる余地を与え、都市再生のベースとなったことを率直に認めなければなるまい。

四　山の手の再生

かつて荻生徂徠が『政談』において、大名は「一年挟ミノ旅宿也、其妻ハ常ニ江戸ナル故、常住ノ旅宿ナリ、……近年ハ江戸勝手ノ家来次第ニ多ク成ル」と指摘し、元禄年間（一六八八～一七〇三）に顕在化しつつあった武家生活の危機を訴えたことは有名である。

先に挙げた彦根藩の元禄期の江戸勤仕の家臣の数を、西川幸治氏は『日本都市史研究』の中で次のように示している。

すなわち「定江戸侍中」つまり江戸の彦根藩邸に常住する家臣の数一四五八人と、藩主参勤の折にのみ江戸詰めとなる「江戸詰侍中」一七六四人を挙げている。この合計三二二二人が藩主江戸勤番の折の彦根藩士の数である。

伊達研次氏は各藩の財政を研究し、江戸における経費が藩財政の七、八割を占めていたことを『歴史学研究』四―四、六―五で発表している。

江戸幕府の崩壊はこうした幕藩体制下、大名生活の矛盾はとり除かれたが、このことは明治初期東京の経済生活に重要な影響を与えた。

すなわち、一大消費都市を形成してきた江戸は、これまでの経済体系を根本からゆるがすことになったが、その象徴的現象が、山の手の田園化に如実に現われていた。

天保期に恐らく一三〇万は下るまいと推測されていた江戸人口は、明治五年一挙に五七万八二〇〇人（『東京府志料』をもとに計算）に激減したのである。

区　別	1872(明治5)年東京府志料の町名を東京府人員統計表の町名と照合して算定	1889(明治22年)東京府人員統計表	増加人数	増加の割合
麹町区	20,271	58,473	38,202	約2.9倍
本郷区	32,374	66,349	33,975	約2.0倍
小石川区	26,823	49,198	22,375	約1.8倍

(『東京庶民生活史研究』より)

『団々珍聞』一九三号（明治十四年一月八日）雑録狂句の部に次の一句が掲載されている。

東京に生れ燕ハきりうせき

これは、燕が渡り鳥であるように、東京は自分の生まれた土地であっても本籍は父母の生地の故郷にあり、東京にあるのは寄留籍であるという意味である。つまりこの句は、幕末以来武家人口の大量流出で、人口が激減した東京に、明治十四年（一八八一）のころから再び人口集中が始まったことを意味する象徴的狂句といえよう。

そして明治二十二年（一八八九）には、江戸の朱引内とほぼ同じ区域の東京十五区の人口が、一三七万五九三人（『東京府人員統計表』）となるのである。その状況を山の手三区で見てみよう。

それを麹町区の町単位で見ると、

一番町　　二八五人から二〇八三人へ
三番町　　七七〇人から四六八二人へ
永田町二丁目　　四三八人から二〇八六人へ
紀尾井町　　一〇〇〇人から二四〇九人へ

と、旧武家地に人口の増加が著しいのである。しかし、麹町でも江戸からの町地はその増加率は僅少である。

麹町二丁目　　五九七人から六五八人へ
麹町三丁目　　四八六人から六三〇人へ
麹町四丁目　　五九〇人から六九九人へ

未だ武家人口激減に伴う、経済基盤の建て直しに苦慮している様態がしのばれる。

かつてこの番町から紀尾井町は、旗本屋敷や大名屋敷の続く整然とした地域であったが、この時期には高級官吏や華族の住む屋敷町として甦っていくのである。

そして、山の手も官吏といえば麹町、四谷、赤坂、小石川、軍人といえば牛込、麻布といった漠然とした集住地域ができるようになってくる。

彼等が何故、下町より山の手を選んで居住地とするのか、その理由について明治三十七年（一九〇四）の秋季増刊号『女学世界』は次のようにいっている。

「下町の狭つ苦しい所で高い家賃を払ふよりも山の手の高台で空気も好く眺望も好い方が利益であると云ふのも一つの原因でせう、それに役人の住宅は如何しても小くとも門の一つもあつて植込の少々ある庭園を有して所謂お屋敷然として居らねば威厳が欠くると云ふ様な考へも一つの原因でせう。両三年以前までは官吏の住所は前記の麹町や小石川などでありましたが、現今ではそれが千駄ヶ谷、渋谷、大久保などまでも押し込んで然様な遠方から通勤すると云ふ風に為った、それは俗塵を避くると云へば大変に立派な様であるが実は生存競争の為に起る自然の結果であることは争はれませぬ。」

明治三十七年ともなれば、山の手が東京の西方に次第に延びていく状況を語っている。文中「お屋敷然として居らねば威厳が欠くると云ふ様な考へ」とあるが、こうした意識は下町住民の反発を買い、〝のてっ子〟（山の手の山を省略）と称してよそ者扱いする風潮も生まれてくる。

一時期大久保利通の大阪遷都論が有力視され、明治天皇の天保山沖海軍親閲が行われたりした。経済都市大阪は、新たに海外貿易基地としての呼声も高く、大阪遷都の可能性は極めて高かった。

それを覆して東京が首都となった裏には、当時のイギリス公使パークス付の通訳官、前島密の建言によるところが大きい。彼は、東北鎮撫の必要性、蝦夷地開拓の緊急性などを論じた建白の副陳書に、

「浪華ニ移サバ宮闕官衙第邸学校等皆新築ヲ為サザルベカラズ、江戸ニ在リテハ官衙備リ学校大ナリ、諸侯ノ藩邸、有司ノ第宅、一工ヲ興サズ皆是レ既ニ具足セリ、宮闕ノ如キモ目下特ニ新築ヲ為サヾルモ、少シク修築ヲ江戸城ニ施サバ以テ充ルニ足ルベキナラン歟、今ノ時ニ際シテハ国費民役最モ慎慮ヲ要セザルベカラズ。」（『鴻爪痕』）

といっている。さらに、

「江戸ノ地タル八道ノ道路ハ広濶ニシテ四顧ノ雲山曠遠ナリ。地勢ノ豪壮ナル風景ノ雄大ナル実ニ大帝都ヲ建置スルニ必適ノ地ナリ」

と述べている。

その「地勢の豪壮」の条件を造り出しているのは、いうまでもなく山の手であった。もちろんその田園化を予測したわけではないが、その認識の根底に、当時としては極めて国際感覚の豊かさが

見られる見解を述べている。

「江戸ハ世界ノ大都ニ列ス。此大都ヲ以テ荒涼弔古ノ一寒市トナス、甚痛惜ニ勝ザルナリ。幸ニ帝都ヲ玆ニ遷サバ、内ハ百万ノ市民ヲ安堵シ、外ハ世界著名ノ大都ヲ保存シ、皇謨ノ偉大ヲ表示ス。国際上及ビ経済上ノ観察ニ於テ、是亦軽々ニ附スベキ問按ニ非ルナリ。」

というのがそれである。

恐らくイギリス公使付通訳官としての前島の立場が、このような感覚を醸成したものと思われるが、確かに卓見である。この見解が大久保の大阪遷都論を変えさせる要因となったことは間違いない。

世界の巨大都市東京の国際的地位は、フランス、アメリカなどの日本研究者の言を借りるまでもなく極めて高いものがある。中でも東京の緑の豊富さとその美観を強調する人は多い。もちろん山の手の旧大名屋敷の庭園が醸す景観美に対する評価である。

東京のように、政治、経済、文化、情報、交通、およそ都市機能のあらゆる面を一点に集中している都市は世界的にも例がない。そして明治維新の混乱期から関東大震災、さらには東京大空襲のあとも、不死鳥の如くに再生するしたたかな強さを発揮してきた。その背景に、山の手が常に都市再生の緩衝的役割を果たし続けていることを再認識する必要があろう。

第2章 江戸東京のトポス―3

東京近郊の変容
――震災前後の十五年

（『歴博研究報告』一九八九年三月）

はじめに

第一次世界大戦によるわが国経済の好況は、大正九（一九二〇）年春の株式の暴落によって一転して不況に陥り、大戦ブームは終わった。

この年から物価は急落、企業の倒産、吸収合併が相次ぎ、やがて大正十二（一九二三）年の関東大震災に見舞われ、震災手形の処理をめぐって金融界への波紋は広がった。そして、遂に昭和二（一九二七）年の金融恐慌となって爆発した。

さらに、昭和四（一九二九）年十月のアメリカにおける株式の暴落は、世界恐慌の導火線となり、わが国にも重大な影響を及ぼした。企業倒産、銀行合併、失業者の増大等がそれである。

加えて東北地方は再三の冷害に見舞われ、未曽有の農村恐慌に発展して、都市も農村も暗黒の日々が続いた。

こうした社会状況にもかかわらず、東京への人口集中は、関東大震災後も絶えることはなかった。

すでに大正三（一九一四）年ごろから東京十五区内の人口は飽和状態に陥っていたから、それ以後の人口増は自然に東京近郊を蚕食するかのように進んだ。

こうした状況は東京近郊町村にどのような変化をもたらすのか、この小論はその実態を人口の推移、近郊の景観、都市化の影響という視角から、巨視的に把握しようとするものである。

一、人口の推移

東京近郊の人口の推移を見る前提として、江戸時代最も人口が多かったと推定される天保年間から昭和初期までの同一地域内の推移を概観しておこう。

『天保撰要類集』によれば、天保十四（一八四三）年、朱引内の町方人口は出稼人を加えて五八万七四五八人であった。これに武家・寺社人口を推計して加えると、およそ一三〇万人と考えられている。

やがて明治維新を迎え、明治五（一八七二）年には五七万八二九〇人（『東京府志料』より算出）に激減した。

その後、江戸の朱引内とほぼ同一地域の東京十五区（麹町、神田、日本橋、京橋、芝、麻布、赤坂、四谷、牛込、小石川、本郷、下谷、浅草、本所、深川）の人口が、天保期に復するのは明治二十二（一八八九）年で、一三七万五九三七人（『東京市統計表』）を数えた。

それ以後東京市の人口は徐々に増え続け、日露戦争終了直後の明治三十九（一九〇六）年には、二〇六万三八二八人（『東京市統計表』）を数えた。この二〇〇万人突破は、東京十五区内人口の飽

表 1　東京市における人口の推移（『東京市統計表』による）

年次	面積 坪	世帯数	人口				人口密度1万坪に付
			男	女	計	指数	
明治22年(1889)	21,928,320	303,193	753,372	622,565	1,375,937	100	627
同23年	21,928,320	277,049	661,033	546,308	1,207,341	88	551
同24年	21,928,320	279,160	656,174	558,602	1,214,776	88	554
同25年	21,928,320	278,378	865,041	569,988	1,235,029	90	563
同26年	21,928,320	285,871	690,475	585,140	1,275,615	95	582
同27年	21,928,320	290,986	702,899	595,677	1,298,576	94	592
同28年	21,928,320	294,456	727,996	611,730	1,539,726	97	611
同29年	21,928,320	298,903	742,787	622,281	1,365,068	99	623
同30年	21,928,320	335,791	764,490	639,279	1,405,769	102	640
同31年	21,928,320	316,527	776,860	648,506	1,425,566	104	650
同32年	21,928,320	327,796	812,269	685,515	1,497,784	109	683
同33年	21,928,320	355,517	817,495	680,070	1,497,565	109	683
同34年（1901）	21,928,320	381,336	898,972	751,922	1,630,894	119	744
同35年	22,008,299	408,388	940,661	764,567	1,705,028	124	775
同36年	22,884,874	447,215	999,045	804,539	1,805,584	151	788
同37年	25,079,957	458,558	1,052,880	857,748	1,870,628	156	810
同38年	25,098,475	485,024	1,091,280	878,553	1,969,835	145	855
同39年	22,855,524	505,241	1,150,156	915,672	2,068,854	150	905
同40年	22,902,512	522,558	1,195,261	950,782	2,152,285	156	940
同41年	22,748,810	576,428	875,101	753,002	1,626,105	118	715
同42年	22,612,068	429,711	869,555	757,086	1,626,641	118	719
同43年	22,742,990	466,670	964,022	845,855	1,807,875	151	795
同44年	25,018,320	488,447	1,026,917	881,892	1,908,809	159	829
大正元年	25,267,069	511,691	1,086,458	926,158	2,012,596	146	865
同2年	25,180,900	520,506	1,084,958	951,186	2,056,144	148	878
同3年	25,046,151	541,668	1,126,697	977,080	2,105,777	153	913
同4年	22,995,884	585,312	1,207,049	1,040,414	2,247,465	163	977
同5年	25,270,556	602,574	1,223,981	1,059,859	2,283,840	166	981
同6年	25,308,896	620,691	1,265,136	1,088,094	2,355,230	171	1,010
同7年	23,468,108	609,270	1,246,500	1,085,360	2,551,860	169	994
同8年	25,608,829	622,635	1,261,571	1,098,065	2,359,656	171	999
同9年（1920）	25,720,691	456,816	1,171,188	1,002,012	2,175,200	158	916
同10年	25,968,092	638,465	1,309,292	1,128,211	2,457,503	177	1,017
同11年	24,085,863	641,295	1,355,531	1,142,702	2,478,255	180	1,029
同12年	24,106,404	540,278	841,699	685,790	1,527,489	111	634
同13年	35,870,258	417,853	1,063,742	862,568	1,926,310	140	807
同14年	24,071,505	429,852	1,095,259	900,308	1,995,567	145	829
昭和元年	24,175,829	448,700	1,157,000	931,900	2,068,900	150	856
同2年	24,267,272	467,700	1,179,300	965,900	2,145,200	156	883
同3年（1928）	24,311,772	487,100	1,222,100	996,300	2,218,400	161	912

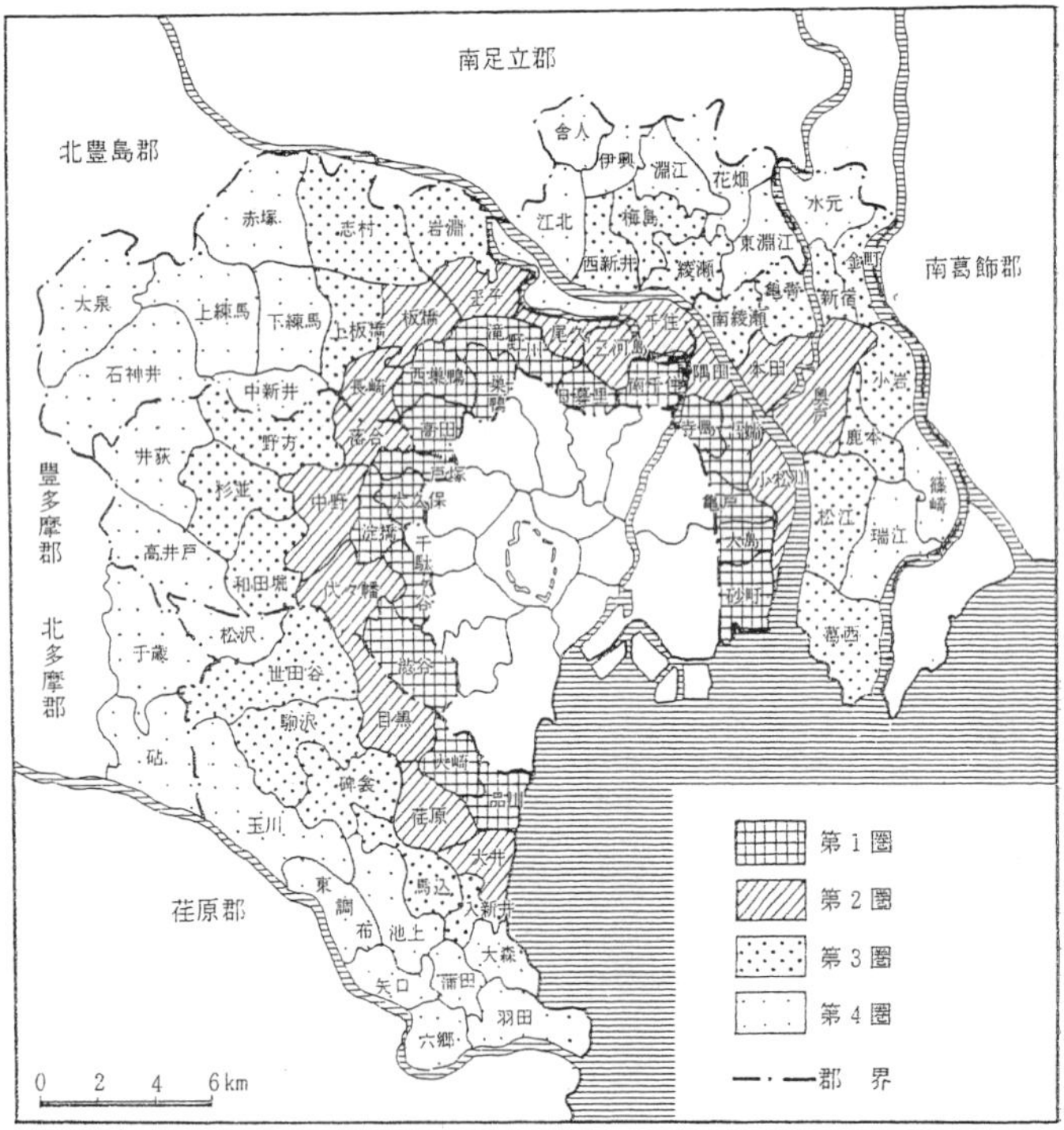

図1　東京近郊町村における圏域図

和状態を示し、第一次世界大戦後間もない大正九（一九二〇）年にも二一七万三二〇一人（第一回国勢調査）を示すにすぎなかった。この間十四年を経過しているのである（前頁「東京市における人口の推移表」参照）。

やがて関東大震災で大打撃を受けた東京十五区は、わずか五年経過した昭和三（一九二八）年二二一万八四〇〇人（『東京市統計表』）と、旧に復した。いまその状況を『東京市統計表』（表2）によって見てみよう。

この東京十五区の人口推移表によって明らかなよう

表 2　東京市15区の人口の推移

区　別	人　口		
	大正9年 (1920)	大正14年 (1925)	昭和3年 (1928)
麹　町	65,692	56,379	62,700
神　田	151,990	128,529	143,000
日本橋	126,415	105,002	116,800
京　橋	143,397	120,363	133,800
芝	179,214	171,590	190,700
麻　布	88,558	87,906	97,700
赤　坂	62,232	61,045	67,900
四　谷	70,217	74,974	83,300
牛　込	126,282	129,887	144,400
小石川	146,507	152,620	169,600
本　郷	135,573	135,079	150,100
下　谷	183,186	172,678	191,900
浅　草	256,410	232,076	258,000
本　所	256,269	207,142	230,300
深　川	181,259	160,297	178,200
計	2,173,201	1,995,567	2,218,400

に、大震火災の被害が軽度な四谷、牛込、小石川、本郷の山の手四区が人口の上で旧に復し、やがて、芝、麻布、赤坂の三区が復すると同時に、浅草、下谷の下町二区が旧に復した。しかし、本所、深川のような最大の被害を被った軟弱地盤の下町二区の回復は遅れている。

　このように江戸から続く東京十五区内の人口の推移に対して、一躍一四七万余の人口増加を見せるのが、東京周辺郡部の八十四カ町村である。

　東京府は大正七（一九一八）年に公布された都市計画法に基づき、翌年四月、これまでの東京市区条例の全面的改正を行い、新たに東京都市計画法を公布した。これによって、東京府は八十四カ町村を市域との隣接度合によって四圏に分類し、市域編入準備体制を整えた。いまその四圏の町村名と、その町村の人口の推移（大正九年から昭和三年までの八年間）を『東京市統計表』（表3）によって見よう。

表3　第1圏内（18ヵ町）の人口推移

町別		人口 大正9年(1920)	人口 大正14年(1925)	人口 昭和3年(1928)
荏原郡	品川町	41,059	53,096	59,100
	大崎町	34,837	48,476	50,991
豊多摩郡	渋谷町	80,799	99,022	113,552
	千駄ヶ谷町	36,374	39,997	40,492
	淀橋町	40,453	52,215	58,175
	大久保町	27,949	32,644	33,251
	戸塚町	18,387	29,295	29,433
北豊島郡	高田町	26,786	45,147	45,581
	西巣鴨町	51,478	98,950	112,016
	巣鴨町	28,035	40,148	42,618
	滝野川町	40,689	82,252	93,601
	日暮里町	41,551	56,928	65,567
	南千住町	50,713	54,755	55,941
南葛飾郡	寺島町	19,159	39,251	52,072
	吾嬬町	30,660	59,921	75,876
	亀戸町	38,548	57,321	65,690
	大島町	22,333	35,420	45,219
	砂町	12,184	20,346	29,129
計		641,994	945,184	1,066,304

この第一圏は都心（東京駅を起点として）ほぼ八キロ以内で、震災前後八年間の人口増加倍率は、寺島町の二・七二倍を筆頭に、吾嬬町の二・四七倍、砂町の二・三九倍、そして滝野川町の二・三〇倍、西巣鴨町の二・一八倍と続いている。

しかし、昭和三（一九二八）年には一一万三五五二人の人口を数えた渋谷町は倍率では一・四一倍にすぎないが、実数において、八年間に三万二七五三人の増加を見ている。明治二十（一八八七）年ごろ「今の渋谷駅から東南方一帯の地は水田……渋谷川にマコモが繁茂していた」（『駒場学友会雑誌』第一〇号）といった状況からは想像のつ

表 4　第 2 圏内（16 カ町村）の人口推移

町村別		人口		
		大正 9 年 (1920)	大正 14 年 (1925)	昭和 3 年 (1928)
荏原郡	大井町	36,659	58,619	66,262
	荏原町	8,522	72,256	112,399
	目黒町	18,094	45,268	62,371
豊多摩郡	代々幡町	20,034	51,755	76,884
	中野町	21,875	60,962	82,340
	落合町	7,110	20,345	25,434
北豊島郡	長崎町	3,504	13,830	21,965
	板橋町	16,661	30,891	56,436
	王子町	38,368	60,086	69,745
	尾久町	7,525	47,493	67,271
	三河島町	21,623	59,252	76,272
南足立郡	千住町	31,047	52,101	66,746
南葛飾郡	隅田町	14,607	21,290	25,966
	本田町	5,875	13,156	22,868
	奥戸村	5,459	7,537	9,753
	小松川町	8,019	24,135	55,156
計		264,982	638,976	857,868

かない変化であったろう。

　都心からほぼ十キロ以内の第二圏は、第一圏に比して、その増加実数はやや下回るが、その激しい人口増加には驚かされる。いま、その第二圏（十六カ町村）の八年間の推移を『東京市統計表』（表4）によって見よう。

　荏原町（旧平塚村）は、八年間の増加率がなんと一三・一九倍で、渋谷町とほぼ同じ一一万二三九九人を数えた。この数は『大日本帝国統計年鑑』（昭和十二年版）によれば、神奈川県横須賀市、あるいは和歌山県和歌山市にほぼ並ぶ人口で、それが、東京近郊第二圏内の一つの町に突如誕生したのである。

　次いで尾久町の八・九四倍、長崎町の六・二七倍、小松川町の四・三八倍ほか本田町、代々幡町、

表 5　第 3 圏内（23 カ町村）人口の推移

町村別		人口		
		大正 9 年 (1920)	大正 14 年 (1925)	昭和 3 年 (1928)
	入新井町	19,088	36,585	40,193
荏原郡	馬込町	2,725	10,489	18,839
荏原郡	碑衾町	4,193	17,751	30,277
荏原郡	駒沢町	8,684	20,991	27,118
	世田谷町	13,054	38,068	54,483
豊多摩郡	和田堀町	3,907	11,663	15,675
豊多摩郡	杉並町	5,632	36,608	53,015
豊多摩郡	野方町	7,323	24,332	36,656
北豊島郡	上板橋村	3,415	5,040	7,094
北豊島郡	志村	6,174	8,548	9,894
北豊島郡	岩淵町	15,672	24,525	30,261
南足立郡	江北村	4,690	4,667	5,056
南足立郡	西新井町	5,189	9,416	17,038
南足立郡	梅島町	3,879	5,621	9,694
南足立郡	綾瀬村	2,799	3,372	4,219
	南綾瀬町	4,637	9,242	17,508
南葛飾郡	亀青村	3,142	4,526	5,183
南葛飾郡	新宿町	2,401	3,638	4,400
南葛飾郡	金町	3,324	7,669	8,800
南葛飾郡	小岩町	4,443	6,891	12,812
南葛飾郡	鹿本村	2,919	3,083	3,353
南葛飾郡	松江町	7,655	10,998	16,566
	葛西村	7,688	8,606	9,273
計		142,633	312,329	437,407

中野町、落合町、三河島町、目黒町と三倍以上の増加を示す町が目白押しに続いている。

次に都心からほぼ十二キロ以内の第三圏（二十三カ町村）について同じく『東京市統計表』（表5）によって見よう。

この第三圏の最高の人口増加を示すのは杉並町の九・四一倍で、次いで碑衾町（現在の碑文谷）の七・二二倍、馬込町の六・九一倍、野方町の五・〇一倍、世田谷町四・一七倍、和田堀町四・一七倍と続いている。さらに三倍以上の増加を示しているのは南綾瀬町、西新井町、駒沢町、葛西村である。

昭和七（一九三二）年発行の『碑衾町誌』によれば、

「今や郊外の土地発展は惜しげもなく竹林の伐採を強制する。碑衾ばかりではないが竹林の伐採は日々に行はれてゐる。此分で行つたらさう遠くもなく孟宗竹林は碑衾の凡ての人達に思ひ出となる日が来るであらう。そして遂には忘れられる。」

碑衾町誌執筆者の予測が、現実のものとなるのは、戦後をまたなければならなかったが、急速な宅地化の進行に対する驚きや戸惑いはよく表現されている。

次に都心からほぼ十五キロ以内の第四圏（二十七カ町村）について『東京市統計表』（表6）によって見よう。

昭和三年に四万台の人口を有するようになった蒲田町は、ほぼ大森町に並ぶようになるが、この蒲田町の八年間の人口増加率は六・五八倍で、これが第四圏の筆頭である。次いで、松沢村の五・二七倍、矢口町の四・一二倍、井荻町の四・〇九倍と続いている。

表 6　第4圏内（27カ町村）人口の推移

町村別		人口		
		大正9年(1920)	大正14年(1925)	昭和3年(1928)
荏原郡	羽田町	14,546	17,220	19,956
	大森町	19,501	32,014	43,650
	蒲田町	6,420	25,616	42,251
	六郷町	4,181	6,731	12,398
	矢口町	3,467	7,986	14,291
	池上町	5,624	10,180	16,374
	東調布町	2,970	5,184	9,435
	玉川村	7,591	11,974	14,187
	松沢村	2,656	7,237	13,996
北多摩郡	砧村	3,680	4,541	6,287
	千歳村	4,287	5,154	6,004
豊多摩郡	高井戸町	4,191	6,846	10,392
	井荻町	4,369	10,864	17,870
北豊島郡	石神井村	6,035	7,639	8,572
	大泉村	3,792	4,237	4,781
	上練馬村	4,642	5,160	5,690
	下練馬村	5,391	9,578	12,417
	中新井村	2,007	4,116	6,133
	赤塚村	5,365	6,267	6,125
南足立郡	舎人村	1,920	1,948	2,063
	伊興村	1,390	1,553	1,626
	淵江村	2,880	3,228	3,220
	花畑村	4,070	4,152	4,217
	東淵江村	2,916	3,168	3,025
南葛飾郡	水元村	2,823	3,647	3,650
	篠崎村	2,918	3,877	4,171
	瑞江村	5,744	6,940	7,544
計		135,376	217,057	300,325

この井荻町にほど近い高井戸町には三十町歩の杉林を保有する大地主がいた。「こうした大地主の持地は、売急ぎをしないので、兎角発展が遅れ勝ちな事がある。土地の小作農達は、却って之を不足に思って居る」（帝国農会編『東京市域内農家の生活様式』昭和十年刊、以下本資料を「帝国農会」と略称する）というほどに宅地化の進行を待ち望む声が第四圏内にも強い。

さて、これまで見てきた第一圏から第四圏の東京都市計画内の八十四カ町村人口の推移を概括してみると次のような特徴が見えてくる。

第一点は、第一圏、第二圏は、すでに大正九（一九二〇）年から昭和三（一九二八）年の八年間に一〇一万七一九六人の人口増加が見られ、都市化の急進地帯であることが知られる。

第二点は、これに対して第三圏、第四圏は四五万九七二三人で、第一圏、第二圏の人口増に比して半数にも満たない。また第三圏は震災後急増する特徴があり、第四圏の南足立郡、南葛飾郡の諸村では、人口の自然増加に留まっている農業地帯も散見できる。

第三点は、これら第一圏から第四圏までの八年間の人口増加を合計すると一四七万六九一八人で、まさに異常な人口増というほかはないことである。

このうち、最も注目すべきは第三点で、国勢調査の結果からしても、自然増は僅少で、その大半は地方からの流入人口であることは容易に推測できる点である。

この推測を裏付けるのは大正十三（一九二四）年十月一日、東京市の実施した「在市年数別調査」である。すなわち当時の東京市の人口一九二万六三一〇人のうち、在市年数十年未満の者が五四・一パーセント、二十五年未満の者まで広げると八四・三パーセントになる。

もちろん、これは東京十五区内の調査であって、近郊八十四カ町村の実態を物語る直接資料ではない。しかし、近郊町村の人口増の背景を間接的に物語っていることは確実であろう。たしかに一四七万余人の人口がわずか八年間に増えるのは、自然増と考えるより流入人口と考えるのが自然である。

いまこの八年間の変化を、新たに作製した二枚の人口密度図で見よう。

大正九（一九二〇）年の場合、人口密度一平方キロ当り二万人を超えるのは日暮里、南千住の二町にすぎなかったのが、昭和三（一九二八）年には品川、荏原、渋谷、淀橋、西巣鴨、巣鴨、日暮里、尾久、三河島、南千住、寺島、吾嬬、亀戸、大島の十四町が加わり計十六町に増加している。この中には、第二圏内の荏原、尾久、三河島の三町が含まれている。

そして人口密度一平方キロ当り、一万人から二万人以内の地域は十五町に及んでいる。この中には第一圏内の大崎、千駄谷、大久保、高田、滝野川の五町も含まれるが、第二圏の大井、代々幡、中野、板橋、千住の五町が含まれる。さらに第三圏の入新井、西新井の二町、第四圏の蒲田、大森も含まれ、行政当局の定めた順序を飛び越えた人口密度を示している。これらは都心とつながる交通事情の差によってもたらされる現象だが、人口密度の高まりも極めて急速度に進展したのである。

そうはいっても、震災以降、昭和六、七年ごろまで東京近郊に色濃く残っていたのは農村風景である。その様子を第三圏、第四圏内の町村を中心に見よう。

二、近郊の景観

第三圏、第四圏は荏原、豊多摩、北豊島、南足立、南葛飾の五郡が含まれるが、その地理的条件及び農産物から見て、相互に明らかな違いがある。しかし、これを全くの便宜上から二大別するとすれば、次のようになろう。すなわち、荏原、豊多摩、北豊島の三郡が西南部、南足立、南葛飾の

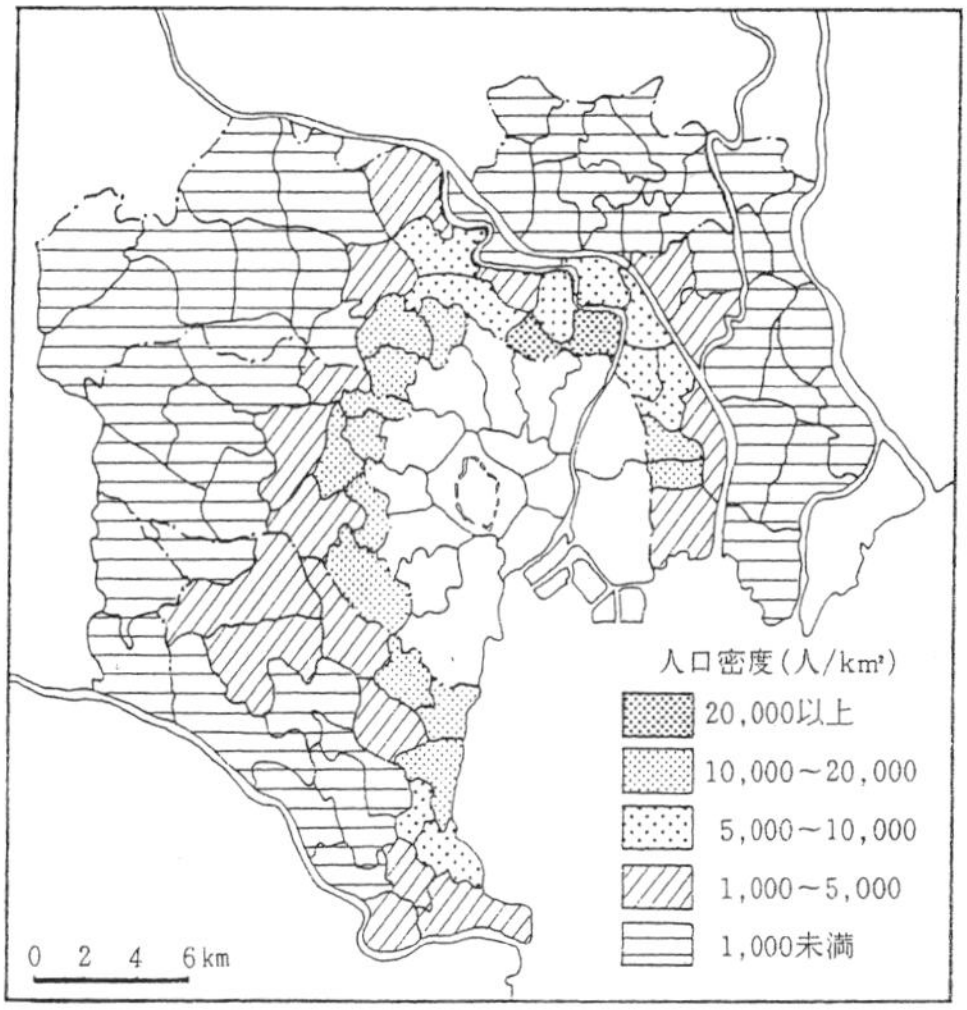

図 2　大正 9 年（1920）東京近郊 84ヵ町村人工密度図

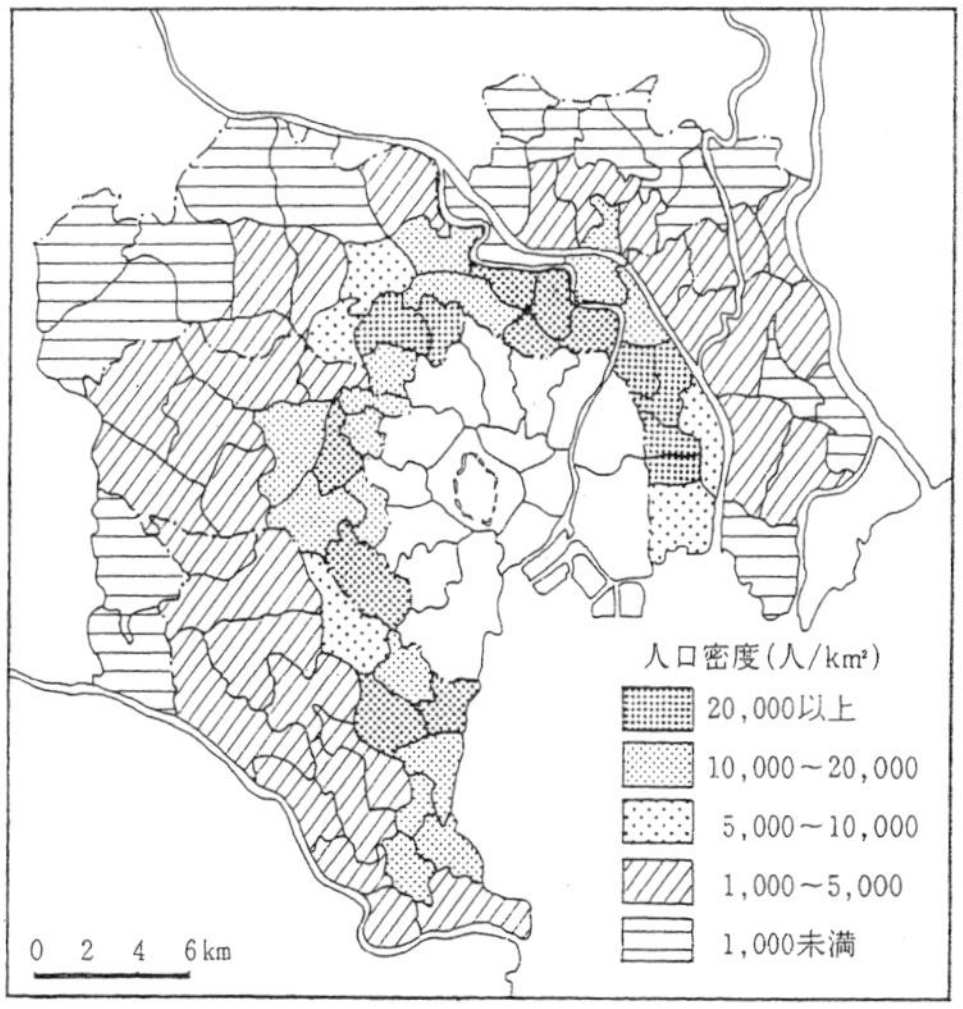

図 3　昭和 3 年（1928）東京近郊 84ヵ町村人工密度図

二郡が北東部である。

西南部は、主に武蔵野台地を基盤とする畑作中心地帯であるのに対して、北東部は主に低湿な沖積層を基盤とする水田中心地帯といえるであろう。いまここで二大別した地域のイメージを豊かにする一助として、昭和前期の景観を復元し、点描してみよう。その素材の中核となるのは後述する昭和六（一九三一）年一月一日現在の「民有有租地段別表」（表7、『東京市域拡張ニ関スル調査書』より作成）である。加えて各郡誌及び各区史と「帝国農会」に散見できる当年代の記述を参考とした。さらに筆者の調査と、少年期の記憶を加え、複合立体化するよう努めた。

西南部の南、荏原郡第一圏内の品川、大崎、大井、入新井の町々は、民有有租地（官庁用語で、宅地、田畑その他山林等、いわゆる租税収入のある民有地のことである）の九二・八パーセント（大崎町）から七四・八パーセント（入新井町）が宅地化され、人家稠密の度の激しい一帯であった。しかし、神奈川県境多摩川にほど近い池上、蒲田、矢口、六郷、羽田の各町は、民有有租地の八〇パーセント以上が田畑で、池上町の一七〇町歩余を筆頭に、羽田町一五六町歩余、蒲田、矢口、六郷の各町もそれぞれ一〇〇町歩以上の水田が残されていた。その水田と、畑地と、未利用地の俗称「ハラッパ」とが交錯する田園風景を展開していた。そして大山や丹沢山塊の向うの富士の夕照が印象的で、ときに、ハラッパに遊ぶ餓鬼大将をも、にわか詩人にするほどの景観を現出した。

一転して第三圏内の碑衾、駒沢、世田谷の各町や第四圏内の玉川、松沢の村々は、平坦な地形に高燥な畑地が畳々と続いていた。陸稲畑や麦畑もあるが、大根、人参、牛蒡、蕪、葱、里芋、馬鈴

表 7　民有有租地段別表（昭和6年1月1日現在）

市区町村名	総　数	田	畑	宅　地	其　他	宅地率（総段別に対する宅地の割合）
	段　別	段　別	段　別	段　別	段　別	
東京市	町	町	町	町	町	%
麹町区	196.85	—	—	196.85	—	100.0
神田区	152.63	—	—	152.63	—	100.0
日本橋区	144.39	—	—	144.39	—	100.0
京橋区	197.59	—	—	197.33	0.26	100.0
芝区	401.86	—	0.47	397.89	3.50	99.0
麻布区	280.88		0.82	279.87	0.19	99.6
赤坂区	193.20	—	—	193.20	—	100.0
四谷区	165.58	—	—	165.58	—	100.0
牛込区	313.99	—	—	313.99	—	100.0
小石川区	407.18	—	—	407.18	—	100.0
本郷区	313.80	—	—	313.80	—	100.0
下谷区	230.71	—	—	230.48	0.23	99.9
浅草区	275.36	—	—	275.36	—	100.0
本所区	328.94	—	—	328.94	—	100.0
深川区	404.22	—	—	404.22	—	100.0
計	4,007.18	—	1.29	4,001.71	4.18	
荏原郡						
品川町	178.30	0.77	1.83	174.30	1.40	97.8
大崎町	240.20	1.27	20.33	214.29	4.31	89.2
目黒町	494.46	13.63	152.86	307.42	20.55	62.2
世田ヶ谷町	972.37	82.12	443.03	371.17	76.05	38.2
松沢村	377.19	37.48	220.24	85.62	33.85	22.7
荏原町	472.57	33.50	241.86	190.52	6.69	40.3
碑衾町	617.81	41.17	445.75	95.45	35.44	15.4
玉川村	993.48	135.24	658.78	119.41	80.03	12.0
駒沢町	704.15	52.48	402.22	201.38	48.07	28.6
馬込町	335.26	38.21	183.65	91.61	21.79	27.3
東調布町	379.37	56.30	225.35	78.40	19.33	20.7
矢口町	321.31	126.74	129.14	63.54	1.89	19.8
池上町	589.31	170.32	305.63	80.20	33.16	13.6
入新井町	216.57	33.26	18.62	161.97	2.72	74.8
大井町	275.60	17.05	30.09	221.59	6.87	80.4
大森町	266.93	118.05	52.39	90.96	5.53	34.1
蒲田町	234.97	146.19	55.14	33.38	0.26	14.2
六郷町	231.99	101.93	100.11	29.01	0.94	12.5
羽田町	426.74	156.20	98.25	83.10	89.19	19.5

市区町村名	総数	田	畑	宅地	其他	宅地率（総段別に対する宅地の割合）
	段別	段別	段別	段別	段別	
計	8,328.58	1,361.91	3,785.27	2,693.32	488.08	
豊多摩郡						
大久保町	121.83	—	2.61	119.01	0.21	97.7
戸塚町	121.18	2.23	3.79	114.21	0.95	94.2
落合町	270.92	18.76	89.15	152.57	10.44	56.3
淀橋町	199.05	4.13	7.06	185.50	2.34	93.2
渋谷町	571.97	0.25	10.56	356.80	4.36	95.9
代々幡町	462.56	16.94	62.74	352.07	30.81	76.1
千駄ヶ谷町	162.71	0.58	2.70	158.98	0.45	97.7
中野町	541.75	57.35	107.53	360.87	16.00	66.6
野方町	750.64	73.78	402.66	233.32	40.88	31.1
和田堀町	513.52	78.33	231.52	139.26	64.41	27.1
杉並町	758.28	81.03	232.72	398.35	46.18	52.5
井荻町	813.16	73.03	561.22	89.91	89.00	21.1
高井戸町	812.75	59.91	527.37	117.54	107.93	14.5
計	5,900.30	466.32	2,241.63	2,778.39	413.96	
北豊島郡						
南千住町	134.91	5.63	6.74	113.10	9.44	83.8
三河島町	193.35	18.97	10.59	160.32	3.47	82.9
尾久町	256.50	47.29	37.59	169.76	1.86	66.2
日暮里町	138.18	2.46	1.09	133.99	0.64	97.0
滝野川町	324.81	33.27	18.06	269.44	4.04	83.0
巣鴨町	145.67	0.07	5.58	139.57	0.45	95.8
西巣鴨町	349.10	9.17	37.39	300.78	1.76	86.2
王子町	388.47	59.49	28.02	290.16	10.80	74.7
岩淵町	476.11	152.21	126.39	148.26	49.25	31.1
志村	875.41	322.34	366.84	88.42	97.81	10.1
板橋町	375.46	32.32	202.68	122.62	17.84	32.7
高田町	168.91	6.31	24.42	156.35	1.83	80.7
長崎町	324.61	32.44	226.38	51.97	13.82	16.0
中新井村	296.70	35.93	191.53	45.00	24.24	15.2
上板橋村	472.51	66.83	322.68	51.91	31.09	11.0
練馬町	673.93	58.21	449.81	85.89	44.02	12.7
上練馬村	903.14	51.08	680.36	66.20	105.50	7.3
赤塚村	789.43	297.52	360.73	60.84	69.34	7.7
石神井村	1,222.99	83.45	918.98	101.86	11.70	8.3
大泉村	1,071.81	45.94	747.20	74.03	206.64	6.9
計	9,545.00	1,388.93	4,763.06	2,610.47	812.54	

市区町村名	総　数	田	畑	宅　地	其　他	宅地率（総段別に対する宅地の割合）
	段　別	段　別	段　別	段　別	段　別	
南足立郡						
千　住　町	356.58	91.93	16.97	202.03	45.65	56.7
西新井町	400.85	159.27	114.74	111.04	15.80	27.7
江　北　村	601.01	294.14	206.29	56.07	44.51	9.3
舎　人　村	591.84	514.38	54.07	22.81	0.58	5.8
梅　島　町	421.76	221.48	110.79	80.24	9.25	19.0
綾　瀬　村	222.35	121.49	60.90	56.99	2.97	16.6
東淵江村	582.25	249.65	94.45	56.18	1.99	9.5
花　畑　村	502.91	517.53	135.74	45.55	4.09	9.1
淵　江　村	442.49	314.98	98.27	28.25	0.99	6.4
伊　与　村	271.49	194.67	58.21	18.52	0.09	6.8
計	3,993.53	2,279.52	950.41	637.68	125.92	
南葛飾郡						
小松川町	209.40	63.56	17.55	122.99	5.30	58.7
松　江　町	553.73	353.11	90.90	94.74	14.98	17.0
葛　西　村	816.99	520.96	79.25	55.31	161.47	6.8
瑞　江　村	563.84	434.67	83.87	44.08	1.22	7.8
鹿　本　村	325.16	190.35	103.03	30.35	1.43	9.3
篠　崎　村	368.59	245.44	67.94	40.67	14.54	11.0
小　岩　町	375.76	218.65	88.82	63.37	4.92	16.9
金　　　町	262.65	120.82	68.73	68.09	5.01	26.0
水　元　村	431.89	249.03	131.39	44.97	6.50	10.4
新　宿　町	191.77	95.46	49.94	45.79	0.58	23.9
奥　戸　町	606.89	361.76	149.53	69.21	26.39	11.4
吾　嬬　町	265.45	47.35	5.77	206.50	5.83	77.8
本　田　町	542.28	177.62	44.06	109.65	10.95	32.0
亀　青　村	318.06	205.49	65.02	43.97	3.58	13.8
南綾瀬町	320.60	166.53	74.99	76.55	2.53	23.9
隅　田　町	74.80	5.07	0.36	68.30	1.07	91.3
寺　島　町	148.97	9.26	0.37	136.13	5.21	91.4
亀　戸　町	187.02	21.15	0.58	163.21	2.08	87.3
大　島　町	185.67	18.45	2.26	162.32	2.64	87.4
砂　　　町	474.77	110.08	36.98	157.63	170.08	33.2
計	7,024.29	3,614.81	1,161.34	1,803.83	444.31	
5　郡　計	30,791.70	9,081.49	12,901.71	10,523.69	2,284.81	
総　　　計	38,798.88	9,081.49	12,903.00	14,525.40	2,288.99	

『東京市域拡張ニ関スル調査書』より作成。

薯、南瓜、西瓜、茄子、胡瓜、トマト、漬菜、小松菜、ほうれん草畑が季節に応じて変化する様子が見られた。第一次世界大戦中の好況期以後、急速に拡がった蔬菜栽培の中心地帯である。

段丘の起伏の激しい馬込町は、畑地が民有有租地の五四・八パーセントを占め、田はわずか一一・四パーセントにすぎない。残りの三三・八パーセントのうち、山林・原野を除いた二七・三パーセントに相当する九一町歩余りが宅地化されていた。この宅地の一角には田園風景を求めて移転してきた尾崎士郎、萩原朔太郎、川端康成等々によって馬込文士村（榊原潤『馬込文士村』昭和四十五年十二月刊）が形成されていった。

この馬込町及び、駒沢町、世田谷町等の農家には、藁葺屋根が多く、屋敷森や竹林に囲まれ重厚な大屋根が見え、南関東特有の農村風景が残されていた。しかし、こうした風景がまたたく間に消えていった地域もあった。たとえば世田谷町羽根木地区がそうだ。この地区には昭和初年二八戸の農家が散在していた。そこに逐年住宅建設が進み、昭和七（一九三二）年には六〇〇戸に達し、農家は七戸に減少した。そして昭和九（一九三四）年には全く消滅してしまった。東調布町の自由ヶ丘や田園調布も同じような経過をたどったが、暫らくは赤屋根の住宅と藁屋根の農家のコントラストの面白い景観が見られた。

松沢村から高井戸町の辺りは、甲州街道の両側に農家の立ち並ぶ風景が見られた。秋、その農家の竹垣に熟し柿の垂れるのも風情があった。その下を、うず高く蔬菜を積んだ大八車やリヤカーに混じって、肥桶や肥料俵を積んだ牛車が時折通る風景も見られた。それは江戸時代から変わらぬ伝統的景観でもある。

畑作は胡瓜、茄子、白菜、そして麦の作付けが多く、ときにトマト畑も見られる。トマトは当時、西洋の赤茄子といい、その青臭さに作付農家の人でさえ、なかなか口にしなかったという話も伝えられている(拙著『昭和庶民文化史』参照)。

またこの周辺の農家は竹林を持って筍を生産するのも特徴の一つだが、昭和初期から、高級住宅地で需要の増大した芝の植付けも行われ、緑の絨《じゅう》毯《たん》を敷きつめたと見違える光景も見られるようになった。

中央線中野駅と荻窪駅の中間に、高円寺と阿佐ケ谷の両駅が開設されたのは、ともに大正十一(一九二二)年のことであった。このことは周辺の急速な宅地化を促進する引き金となり、杉並町の宅地率は五二・五パーセントに達している。宅地率とは、総段別に対する宅地の割合をいい、あくまで便宜的なものである。

しかし、久我山辺りは神田上水に遮られて都市化の影響は少なく、台地の狭間にわずかながら残る水田が帯状に連なっていた。しかし、この田圃は周囲のいわゆる〝ハケ〟からの自然湧水で、冬期にも水の溜る湿田であった。耕作には田下駄を使用したといわれている。

先にもふれたが高井戸町(宅地率一四・五パーセント)、和田堀町(同一四・五パーセント)そして杉並町(同五二・五パーセント)には杉並木がところどころに残されていた。これを四谷丸太というが、これは火災都市江戸で需要の多かった足場丸太を、四谷に集積したところから起った名称である。しかしこの四谷丸太の良材は床柱や、桁材として用いられ、建築関係用材としての需要が高かった。小田内通敏の『帝都と近郊』(大正七年十月刊)によれば、井荻町(宅地率一一・一パーセント）で、明治二十二（一八八九）年に藍葉を一八〇町歩ほど作付けしたことが記載されている。それが三十年後の大正七（一九一八）年には二五町歩に減少し、昭和初期には全く見られなくなってしまった。いうまでもなく手織木綿の需要の極度の低下と、廉価なドイツ製化学染料の輸入にたちうちできなくなったためである。この藍葉の生産は、中野町、北多摩郡神代村などとともに東京西郊農村地帯の主要農産物であった。

同じように人々の記憶から薄れていった話が成宗にある。

「阿佐ケ谷駅の東南程遠からぬ所にある成宗といふ部落には、今でも胡瓜に関するタブーがある。昔は二十五戸の農家があつたが、今は戸数七、八百戸を算し農家は減つた。此処の鎮守は須賀神社で、その御紋は胡瓜の切口に似て居る所から村人は胡瓜を作ることは愚か、それを食べる事も禁じて居る。或時禁を犯して一人が胡瓜を食べたが、その年に赤痢がおびただしく蔓延し、以来此の禁制は益々厳守されて、今日と雖も原住者はその味も知らない。近年此の時代で著しく胡瓜の栽培が有利となつたのに、此の部落丈は依然として之を栽培して居ない」（「帝国農会」）と。

迷信とはいえ、東京近郊農民の神を畏怖する思いは伝わってくる。

豊多摩郡から目を転じて北豊島郡に移ろう。上練馬村（宅地率七・三パーセント）、赤塚村（同七・七パーセント）辺りは、練馬大根の主産地である。この両村の畑地の合計は三四八町歩余に達する。初秋の練馬は大根畑が緑一色に染まり、初夏には茶一色の麦秋が展開する。いかにも武蔵野の広大さを感じさせるところである。

石神井村（宅地率八・三パーセント）の農家は、川筋の低地に帯状に続く水田を前に控え、そこより一段高い台地を風除けにして台地の周縁部に点在するケースが多い。農家の周囲は櫟《くぬぎ》や欅《けやき》の大木で囲まれるのが普通で、武蔵野の原風景がそこに展開する。

大泉村（宅地率六・九パーセント）辺りでは陸稲畑や麦畑に交って牛蒡畑が多い。この石神井村・大泉村辺りの宅地化はあまり進行せず、雨後の農道が泥濘履物を没するほどぬかるのも昔のままであった。

第二圏に属する板橋町（宅地率三二・七パーセント）、志村に点在する水田は埋立てられ、工場労働者や家内工業者の居住地区となる傾向も見られ、徐々に旧様の農村風景はその影を没しつつある。それはちょうど荏原郡矢口町辺りの変化に近似している。

そうした中で、全く変化のない荒川堤に、春四月、一面に桜草の開花が見られたのは、一服の清涼剤であったろうか。

北東部はまず南足立郡一帯から見よう。荏原、豊多摩、北豊島郡三郡とは景観を一変し、眇茫たる水田地帯を形成し、各所の水郷の趣が見られる。南足立郡第四圏内の舎人村、東淵江村、花畑村、淵江村、伊興村、第三圏内の西新井町、梅島町、綾瀬村の水田の合計は二一八七町歩余りに達する。これらの地域は荒川、荒川放水路、中川、綾瀬川、見沼代用水、葛西用水、毛長川等の河川が流れ、水路も豊富で米作地帯にふさわしい景観を保っている。

また稲作のみならず、蓮根やくわいの作付けされた田圃も見られ、水田地帯に趣を添えている。さらに、田圃の畝を高く盛って無果花の栽培も盛んで、この地域の特産品となっている。

畑地も前記二町七村の合計は九三三町歩余りに達し、小蕪、小松菜、京菜、大根、葱、漬菜、越瓜(しろうり)、茄子、胡瓜、キャベツの作付けが盛んである。また、空閑地も少なく、純然たる農村地帯を形成し、宅地率も西新井町の二七・七パーセント、梅島町一九・〇パーセント、綾瀬村の一六・六パーセントを除けば、あとは一〇パーセント以下で、舎人村の五・八パーセントが最も低い。農家は低湿地を避け、やや高燥な場所を選んで聚落を形成していた。

一方、江戸以来の慣行で注目すべきは、花畑村の凶作対策である。農家収入の大部分を米作に頼るこの地域では「水稲平年作より四割減収迄は規定の小作米を納付し四割以上の年は地主は減収の程度により減額する」(「帝国農会」)のがそれである。長年の紛争の結果、地主、小作の相方が到達した和解策なのだろう。そうした慣行のない江北村、北鹿浜村辺りでは、昭和初期にも小作争議が絶えなかった。

南足立郡で最も宅地化の進んだのは第二圏内の千住町で宅地率は五六・七パーセントに達していた。この千住町や西新井町周辺の宅地化は、大正初期から盛んに行われていた。また荒川及び荒川放水路、綾瀬川、中川に面した一帯は、工場の進出がめざましく、徐々に農村風景を蚕食しつつある。同じ工場でも梅地町の北に位置する島根地区にある染物工場の浴衣干しは、この地区の風物詩になっている。

南葛飾郡で宅地率の最も高いのは第一圏内の寺島町九一・四パーセントである。次いで隅田町(九一・三)大島町(八七・四)亀戸町(八七・三)吾嬬町(七七・八)と続き、第二圏内の小松川町(五八・七)砂町(三三・二)である。この七町は、北東部で最も都市化の進展した地域だが、他の南葛飾郡内の町村は、東京近隣町村中足立郡、北豊島郡の一部同様、最も色濃く農村風景を展開している地域もある。

たとえば、葛西村の宅地率六・八パーセントをはじめ、瑞江村（七・八）、鹿本村（九・三）、水元村（一〇・四）、篠崎村（一一・〇）、奥戸町（一一・四）、亀青村（一三・八）と続いている。その中間に位置するのが、小岩町（一六・九）、松江町（一七・〇）、南綾瀬町、新宿町の（二三・九）、金町（二六・〇）、本田町（三二・〇）である。

このうち、南葛飾郡の北部一帯は、土質が低湿粘重なため、米の収量が平年作で五俵を出ない瘠地もあった。この地域の特産の注連飾《しめかざり》は、もともと不熟水稲の廃物利用からはじまったともいわれているほどである。

また青砥地区は、震災後、浅草今戸から今戸焼（動物玩具・火鉢・土瓶）の工場が移ってきて、米作に不適な粘土を活用している。

米作不適地帯の農民の熱意は蔬菜栽培に向けられ、神田市場でも葛西物といわれる有名な蔬菜類はこの地域で産する。その種類は小松菜、漬菜、京菜、蕪、茄子、胡瓜の他に、葱と細根大根がある。このうち葱は千住葱と称され、細根大根は亀戸大根として珍重され、東京人の食膳を賑わした。

隅田川と綾瀬川の合流する南綾瀬村辺りは水害に悩まされる地帯である。享保（十八世紀初頭）のころ、本所、深川のゼロメートル地帯の洪水の難を軽減するため、隅田川の流路を狭めた。その結果、南綾瀬村辺りが遊水地化した名残である。

南葛飾郡をさらに南下すると、農村は複雑な様相を呈する。すなわち、瑞江、篠崎、小岩、鹿本の諸村は水田と疏菜畑の混合したゆったりした農村風景が展開される。これに対し松江、葛西の二村は一見豊かな水田地帯に見えるが、実は東京湾から吹き寄せる海風のため、塩害が甚しく、良田の五割程度の収獲しか得られない。したがって副業なしでは生活が成り立たない地帯であった。農民の中には海苔の養殖に従事し、半農半漁で生活する者が増えてきた。

また特筆すべきは舟運で、深川高橋《たかばし》から小名木川、中川を経由して行徳に至る東京汽船の客船や、肥船の行き交う風景は、この地方独特のものである。

三、都市化の影響

これまで見てきたように、昭和初期、東京周辺郡部の景観を概括すれば、どちらかといえば、明治・大正期にも見られたような長閑な田園の様態を残している場合が多かった。

しかし、それは西南部・北東部とも共通した現象だが、近郊農村内部には大きな波紋があった。いまその状態を若干検討してみたい。

まず前章の中核素材として利用した「民有有租地段別表」を次に見よう。

この民有有租地は次の「本邦六大都市土地種別比較表」（表8）で明らかなように、東京隣接五郡総面積の六九・五パーセントにすぎない。

あとの三〇・五パーセントは、皇室御料地、国有地、民有免租地である。東京市にいたってはその全面積の五一・六七パーセントが免租地で、国有地の大半は軍用地であった。したがって、前章で述べた宅地率も民有地での比であり、全面積に対する比率ではない。しかし、皇室御料地や、国

表 8　本邦六大都市土地種別比較（昭和 6 年 1 月 1 日現在）

種別 ＼ 都市別			東京市	東京市及隣接 5 郡	京都市	大阪市	横浜市	神戸市	名古屋市
総面積			坪 25,282,158	坪 167,163,431	坪 87,418,006	坪 56,001,197	坪 40,497,408	坪 24,774,335	坪 45,051,034
御料地 国有地	民有免租地	面積	13,063,432	50,989,155	32,727,706	18,883,667	10,027,866	9,003,335	9,741,161
		総面積ニ対スル	%	%	%	%	%	%	%
		比率	51.67	30.50	37.44	33.72	24.76	56.34	21.62
民有租地	宅地	面積	12,181,944	35,595,354	8,627,400	14,438,070	5,363,061	5,460,000	8,636,925
		総面積ニ対スル	%	%	%	%	%	%	%
		比率	48.18	21.29	9.86	25.78	13.24	22.04	19.17
民有租地	田	面積	1,031	29,524,391	11,035,800	14,481,120	5,521,736	1,710,000	16,737,525
		総面積ニ対スル	%	%	%	%	%	%	%
		比率	0.004	17.66	12.62	25.87	13.64	6.90	37.15
民有租地	畑	面積	14,027	43,545,677	3,587,700	5,478,750	8,773,613	522,000	6,109,523
		総面積ニ対スル	%	%	%	%	%	%	%
		比率	0.06	26.05	4.10	9.78	21.66	2.11	13.56
民有租地	山林	面積	9,585	5,015,593	31,260,000	95,250	10,370,616	7,950,000	2,648,656
		総面積ニ対スル	%	%	%	%	%	%	%
		比率	0.04	3.0	35.76	0.16	25.61	32.09	5.88
民有租地	其他	面積	12,141	2,457,261	179,400	2,624,340	440,516	129,000	1,177,244
		総面積ニ対スル	%	%	%	%	%	%	%
		比率	0.05	1.48	0.21	4.69	1.09	0.52	2.62
民有租地	計	面積	12,218,726	116,174,276	54,690,300	37,117,530	30,469,542	15,771,000	35,309,873
		総面積ニ対スル	%	%	%	%	%	%	%
		比率	48.33	69.50	62.56	66.28	75.24	63.66	78.38

『東京市域拡張ニ関スル調査書』所収

有地の民間利用は不可能だから、民有地内に限定される宅地率でも、農地が宅地に転用され、都市化する様態は十分に理解されよう。

すでに、東京市内の人口が飽和状態にあることは前述したが、宅地率も十五区平均一〇〇パーセントに近くその様子が裏付けられる。

しかし、宅地率は四〇・三パーセントにすぎない荏原町の場合は複雑な様相を呈している。すでに述べた如く、大正九（一九二〇）年から昭和三（一九二八）年の八年間に、八五二二人から一挙に一一万二三九九人に急増した荏原町は、民有有租地段別表によれば、宅地一九〇・五二町、畑地二四一・八六町、田地三三・五町で、田畑の総段別に占める割合は五九・七パーセントとなっている。

このことから、荏原町は昭和六（一九三一）年現在、住宅密集地と農耕地が混合している状態で、住居の容積率の極めて高い町という推測が成り立つ。

すでに、東京市内の人口膨張の飽和点は、第一次世界大戦の勃発した大正三（一九一四）年ころであることを見てきた。それから十七年経過した昭和六（一九三一）年一月の時点で、第一圏内の砂町を除く十七カ町がすでに飽和状態に達していることを「民有有租地段別表」は裏付けている。それのみならず、第二圏内の隅田、三河島、大井、代々幡、王子、中野、尾久、目黒の八カ町が宅地率六割を越えているのである。かように東京近郊町村の都市化も急速の度を加えている。

一方、第二圏にあっても、南葛飾郡奥戸町のように八年間にわずか四二九二人の増加に留まり、宅地率も一一・四パーセントにすぎない町もある。

第三圏、第四圏の場合は、入新井、杉並の二町を除いては、宅地率は低い。それはとりもなおさず都市化の可能性が高いことを示唆しており、これら地域の農民の意識は複雑であった。

ちなみに、次の五郡職業別人口（表9）によって、大正九（一九二〇）年から昭和五（一九三〇）年に至る十年間の変化を見よう。

農業、水産業、鉱業、工業、商業、交通業、公務自由業、その他の有業者、家事使用人、無職業と十種の職業分類のうち、十年間に著しい増加を見せた職業は、公務自由業人口と、家事使用人人口で、著しい減少を見せたのが農業人口である。その実数で最も減少したのは荏原郡の二万八一三一人、北豊島郡の二万六一一七人、豊多摩郡の一万八七五八人で、西南部の農業人口の減少が目立つ。これに対して南足立郡は七八〇六人、南葛飾郡は二万一八五八人で、北東部の減少数は、西南部に比較してはるかに少ない。

それにしても、五郡の農業人口の減少は、震災を挟んだ十年間に一〇万二六七二人の多きを数え、近郊農村分解の激しさを物語っている。

次に、農民の転業のうち、まず工場労働者への転換について見よう。

昭和二（一九二七）年十月十日、東京市統計課が行った第二回労働統計実地調査（官営工場を除く）の結果が『統計集誌』（昭和六年七月）に記載されている。それによれば、東京市及び近郊八四町村に於ける調査工場一〇三三（市内五二三、郊外五一〇）、労働者数一三万四〇人（市内五万三九五五人、近郊七万六〇八五人）で、東京近郊八四町村は市内に比較して工場数で一三工場少なく、労働者においては逆に市内より二万二一三〇人多いと発表している。

表 9　五郡職業別人口（国勢調査報告〈昭和 5 年内閣統計局〉ニ拠ル）

郡名	総数		農業	水産業	鉱業	工業	商業	交通業	公務自由業	其他ノ有業者	家事使用人	無職業
荏原	大正 9 年	253,871	41,431	5,929	2,460	91,641	49,590	20,496	224,394	5,285	766	13,879
	昭和 5 年	798,518	13,298	2,306	826	99,710	77,354	19,581	60,272	8,818	21,854	494,499
豊多摩	大正 9 年	278,403	26,780	208	2,455	84,255	60,627	25,399	46,811	2,823	1,604	27,441
	昭和 5 年	635,662	8,022	64	236	61,008	63,978	15,434	58,133	6,008	24,274	398,505
北豊島	大正 9 年	379,426	43,303	151	1,871	162,706	70,313	37,448	34,557	6,045	563	22,469
	昭和 5 年	858,322	17,186	40	121	127,845	86,711	23,722	48,575	12,947	14,372	526,794
南足立	大正 9 年	60,780	17,593	93	13	23,290	10,612	3,796	3,612	644	39	1,088
	昭和 5 年	127,507	9,787	29	29	18,891	13,683	3,126	3,549	2,569	1,406	74,438
南葛飾	大正 9 年	204,538	37,692	1,149	1,493	108,920	27,152	11,659	8,456	3,101	137	4,779
	昭和 5 年	479,917	15,834	372	165	94,757	42,946	11,584	13,564	8,700	5,580	286,415
合計	大正 9 年	1,177,018	166,799	7,530	8,292	470,812	218,294	98,798	117,830	15,898	5,109	69,656
	昭和 5 年	2,899,926	64,127	2,811	1,377	402,211	284,672	75,456	184,093	39,042	67,486	1,780,651

（『東京市域拡張史』昭和 9 年 10 月刊所収）

表 10　84 カ町村の産業別労働者数

綿糸紡績業	15,321 人
毛織物業	10,590 人
電動機電気機械器具製造業	5,658 人
洋紙藁紙板紙類製造業	3,280 人
護謨防水品製造業	2,559 人
鍛冶業	2,133 人

ことに第四圏内の増加が目立ち、大正十三（一九二四）年十月の第一回調査に比較して、工場数で二一、労働者数で二七〇〇余人の増加が見られた。

近郊八四町村の産業別労働者数（表10）の主なものをあげると次の通りである。

このうち、綿糸紡績業、毛織物業は、特に女子労働者を必要としたが、近郊労働者総数七万六〇八五人中、女子労働者は三万二六五五人で、男子労働者一〇〇に対して七五・二の比率であった。

こうした状況に対して、近郊農村の自小作人、小作人の中には、男は雑役工に、女は紡績工へ、一家をあげて転業するケースもあらわれた。

また農地から工場用地へ転換した地帯では早くも公害問題が発生している。昭和八（一九三三）年かその翌年のことと思われるが、

「オリエンタル酵母会社の悪水排出により約五町歩は収穫皆無に陥り、其他の水田も可なりの減収を来した。附近の農家が聯合して、再三会社に賠償を交渉するも一向に先方は誠意を見せて呉れない。それで目下警視庁に請願に皆で行つてゐます。」（「帝国農会」）

という報告がそれである。この農業用水の水質汚濁事件は板橋区志村でのできごとであった。

次に自作農から宅地地主や、貸家業に転ずるケースについて見よう。こうしたケースは北東部にも見られなくはないが、どちらかといえば、西南部で宅地率が急上昇した地域に多く見られる現象である。

宅地化が進行すると、残された農地の障害、たとえば日照・通風条件の悪化、病虫害の多発、及び雀の異常繁殖による農作物の被害などが増大していった。

加えて地価の高騰は、農地を売却するか、耕地を貸地とするか、あるいは住宅を建てて貸家とするか、いわゆる宅地地主や貸家経営に転ずるのが良策と考える者も次第に増大していった。

貸家経営の場合、その前途は決してバラ色ではなかった。警視庁の調査によれば、荏原郡で「平均畳一枚一円六〇銭、大崎・桐ケ谷辺りで二円四〇銭平均」（『都新聞』大正十三年十月二十二日）という震災前の二、三割増しの高値に目をつけたのは比較的豊かな自作農達であった。そして急造された安普請の貸家が増大したが、入居者がなく、昭和三（一九二八）年『東京市統計表』によれば、西南部で五〇〇軒以上の空屋をかかえる町は二六カ町にも及んだ。中でも荏原町はその数実に二二〇〇軒、滝野川町・尾久町・三河島町・王子町の一七〇〇軒余、日暮里町・大井町でも一〇〇〇軒を越える状態であった。そして、市内十五区を加えておよそ三万軒の空屋ができ、斜めに貼られた貸家札が目立った。

農地を売却した者の中には、これを資本として商売を始める者も少なくなかった。たとえば米商、雑貨商、生花商などに転じ堅実な経営に専心するなどがそれである。しかし、中には投機的事業や株に手を出して没落する者、遊蕩にふけって没落する者もあらわれた。

小規模な自作農や小作農の中には、小資本で経営できる職業、たとえば青果商、乾物商、菓子商、蕎麦商、漬物商、煮豆商や、鳶職、植木職につく者も少なくなかった。

中でも農業と関連の深い青果商、植木職に転ずる者が多かった。ちなみに昭和八（一九三三）年には第一圏から第四圏までの青果商数は四〇三五軒を数えた。十五区内の分を含めた総数は六八六五軒で、近郊四圏の青果商数は五八・八パーセントを占めている（『統計集誌』昭和八年六月）。

国勢調査結果によれば、大正九（一九二〇）年一万三〇六五軒あった青果商が、昭和五（一九三〇）年の十年間に東京府全体で二万七三四七軒になり、一万四二八二軒も増加しているが、そのうち農業から転じた半農半商の青果商の増加が目立っていたといわれる。

むすび

近代国家のかかえる世界共通の課題に、農民の都市集中現象がある。大正十四年（一九二五）四月二十五日「農民離村問題」と題する論説を掲載した『大阪毎日新聞』は、外国事情を次のように紹介している。

「仏国では千八百五十一年に農民は全人口の七割四分五厘であつたが、千九百二十一年には五割三分七厘に減じ、米国では千八百九十年には六割四分六厘であつたが、千九百二十年には四割八分六厘に、ドイツでは千八百七十一年に六割四分四厘であつたが、千九百五年には四割二分六厘になつてしまつた。」

すなわちフランスは、日本でいえば嘉永四年から大正十年の七十年間に、全人口に対し農民の減少は二割八厘、アメリカは明治二十三年から大正九年の三十年間に一割六分の減少、ドイツは明治四年から明治三十八年の三十四年間に二割一分八厘の減少である。

これに対して日本は「明治三十一年には六割七分四厘五毛だったのが、大正七年には四割六分六厘に減じた」と報じている。日本の場合、一八九八年から一九一八年の二十年間に二割八厘五毛の減少で、ドイツはまだしも、フランス、アメリカとは比較にならぬ速度で、農民離村が進行していったことを示している。
そして同紙は、日本の農民離村の原因について次のように述べている。「第一は経済的のもので、農村よりも都会の方が収入が多いからである。今日農村における農業労働者や小さい小作人の所得よりは、工場における労働者の所得の方が多いことは争はれない。第二の原因は社会的のもので、都会は物質的並に精神的文化の非常な恩沢を蒙つてゐて、農村は到底其比でないといふ事實である。これらに加ふるに、都鄙間における公租は不均衡で、農村民の負担は都市のそれよりも遙かに重い」と。

こうした全国傾向の中にあって、ひときわ農民離村に拍車をかけ、東京への人口集中を促進したのは、昭和初期の農村恐慌であった。ことに東北農村の連年の冷害は、農民生活の根底を脅かし、自小作人や小作人を、耕地を手離さざるを得ない状況に追いこんでいった。

かくして農民の間には、農村に根強い旧様式や旧習慣、そして生活の狭少さ、窮屈さからの脱出をはかろうとする気運が次第に高まっていったのである。

震災直後「東京は何と云ふ広やかな、気らくな、と一緒に大都会の圧迫に共々悩んでゐる貧しい人達の、心おきのない交際と扶け合ひの場所だらう」（『文章倶楽部』大正十二年十月号）といったのは藤森成吉である。

信州人でプロレタリア作家の藤森成吉は、東京生活礼賛者だとは思われないが、その彼をして「何年かを東京に住んだ多くの人間達が、どうしてももう田舎へ帰りたくない、と云っている心もちを私はハッキリわかる」とまでいわしめる東京の魅力はなんであろうか。

そもそも東京は、江戸開府当初から諸国人寄り合い都市として発展してきた伝統がある。したがって地方からの流入者を拒否する封鎖性より、むしろ歓迎する意識が強かった。

東京で初対面の人に会うとき「お国はどちらですか」という言葉が自然に出てくる。この挨拶一つで交際がはじまる気安さ、開放性が多くの人を東京に引き寄せる要因の一つであったことは間違いない。

関東大震災のとき、神田佐久間町周辺四ヶ町ほどが地元民の必死の消火活動で、延焼をくいとめたのは周知の事実である。この際のことを地元民は、江戸町火消の伝統を発揮したまでで、江戸ッ子としては当然のことだったと誇らしく回顧している。しかし、その江戸ッ子気質を強調する人達の三分の二は地方出身者で、いわば越後の江戸ッ子、信州の江戸ッ子、甲州の江戸ッ子であった。このことは東京に来て十年もすれば、江戸ッ子を自称しても、とがめ立てする者とていない開放的な東京人気質を何よりもよく象徴している。いいかえれば、よそ者と地元民とを画然と区別する意識の稀薄な都市なのである。そこに藤森の指摘する「心おきのない交際と扶け合いの場所」東京の魅力が生まれるのである。

さて東京の人口急増を農民離村の問題との関連で見てきた。しかしこの他にも震災による罹災者の都心部から近郊への移動、さらには震災復興を期に、主に関西系企業の東京進出、あるいは、交通機関の発達等々数多くの要因を挙げなければならない。しかしなんといっても、その主な要因が農民離村にあること、そしてそれは歴史の中に江戸以来長く連続してきたことを、ここで再認識する重要性は「都市と農村」問題のかまびすしかった当時の社会状況に照らしても明らかであろう。

かくして東京近郊四圏の八十四ケ町村は、市内人口増の三二・五倍に相当する一四七万人余の人口増加を、大正九年（一九二〇）から昭和三年（一九二八）のわずか八年間で受けとめてきた。この異常な事態は八十四ケ町村自体に構造的変化をもたらすほどの影響を与えずにはおかなかった。たとえば、耕地の減少、宅地化および宅地化公害、水質汚濁、そして農民の転業や没落等々、まさに悲喜こもごもの変化は、この流入人口の急増と無関係ではなかった。そして東京近郊の長閑な景観の残る、比較的地価の安い土地を求めて宅造が行われる傾向は、あるいは急速に、あるいは徐々に農業地帯の都市化を促していった。

こうした変化に対応する行政措置として、昭和七年（一九三二）十月一日、第四圏内の北多摩郡千歳、砧の両村を除く、近郊八十二ヶ町村を東京市に編入し、新たに二十区を設置して、大東京三十五区となって祝典を挙げた。市域拡張によってニューヨークに次ぐ大都市の誕生を喜ぶ行政感覚をあざ笑うが如く、柳田国男は、すでに昭和二年（一九二七）『朝日新聞』紙上で次の如き指摘を行っていた。

「都会たるべき何等用意なく、ただ都会たるに足る人口だけが増加する。貧乏、疾病、犯罪、その他人口ちう密に伴ふ諸多の害悪が無遠慮に拡がってゆくのは理の当然である」（『柳田国男集』別巻二）

こうした状況は一向に改善されないまま、すべてが軍事優先の戦時体制へと突入してしまった。そして区画整理、都市施設の充実、医療衛生対策の促進、治安対策の実施等、都市問題の当然の課題は常に見送りにされていったのである。

かくして未解決の問題を放置したまま時代は推移し、この時期に起った多くの都市問題は、今日にも影響する後遺症として残されている。

第3章

日常生活・衣食住・教育

第3章日常生活・衣食住・教育——1

東京《とうけい》庶民の仕事と暮らしに学ぶ

（季刊『田園都市』一九八〇年創刊二号）

江戸から東京へ

江戸から東京への移り行きは、どの都市も経験したことのないほど著しい維新の変革であった。それは江戸に生まれて、そこで育った江戸ッ子の暮らしの面からみた場合にはじめて見透かすことのできる都市構造の変質であって、幕府から明治政府といった政権交替の場としてみている場合には、浮かび上がってこない東京の一面であった。

江戸の最盛期に一三〇万人（天保期）からの人口を数えた大都市が、一挙に五七万人（明治五年）に激減し、武家屋敷の整然と並ぶ山の手は桑茶畑（その計画面積三〇〇万坪）と変わり果てるなどということを、誰が予測し得たであろうか。

赤坂溜池の渡舟は江戸時代と変わらないが、青山から渋谷村への道筋は人家とて数えるほどで、あとは茶畑・桑畑が畳々と続き、広尾・麻布は野草が繁茂し、桔梗の原と化した。原宿穏田の崖地に滝浴び客を誘う広告をしても、集まるのは子どもばかり、浴衣を貸して一儲けをたくらんだ香具《やし》師も商売にはならない。内藤新宿の宿場の飯盛女の数も減じ、盛んなのは付近の田んぼや麦畑から聞こえてくる虫の音ばかり。

雑司ヶ谷鬼子母神の森はその幽邃《ゆうすい》さを誇り、大久保のつつじ園のみが花の季節に賑わうのが不思議な感じであった。高田から池袋にかけては稗や黍の畑が続き、池袋村だけでも年間（明治五年）稗五〇石、黍二〇〇石（『東京府志料』）を生産したといわれる。巣鴨のとげ抜き地蔵はその霊験によって、信者の参詣はあるものの、往時の繁栄を知る者にはやはり寂しい。

本郷団子坂の菊人形だけはかなりの賑わいをみせたが、呼び込みの声がもう一つさえない。日暮の里は鶯をはじめ鳴鳥の場とされてきたが、その鳥の数が近年めっきり増えたのも東京田園化の象徴であろうか。上野の森・護国寺・増上寺あたりに巣をかける鵜や鳥のあまりの数に、巡査に猟銃を持たせてその捕獲を命じたのは、大警視川路利良（明治一一年）であるというから驚く。

このような山の手の田園化に比べて、下町は江戸時代とさほどの差はなかった。もともと家康入府以後、半蔵門脇の台地を崩して日比谷の入江を、神田の台地を削って日本橋・京橋の湿地を埋め立てた経緯がある下町である。

満潮時の海水を、無数にめぐらした堀割りによって調節し、その堀割りを物資輸送の大動脈としたあたりは、江戸の土木治水工事の妙を讃えるべきであろう。せっかくの水の都東京の動脈であった堀割りも外濠も、ことごとく埋め立て、満潮時の海水の溢れを隅田川堤防を重ねることによって調節している現代よりも、はるかに都市美を考えた措置といえるであろう。

「春のうららの隅田川……」の歌詞には、のどかな自然がよみがえる風情がある。三囲《みめぐ》りあたりの

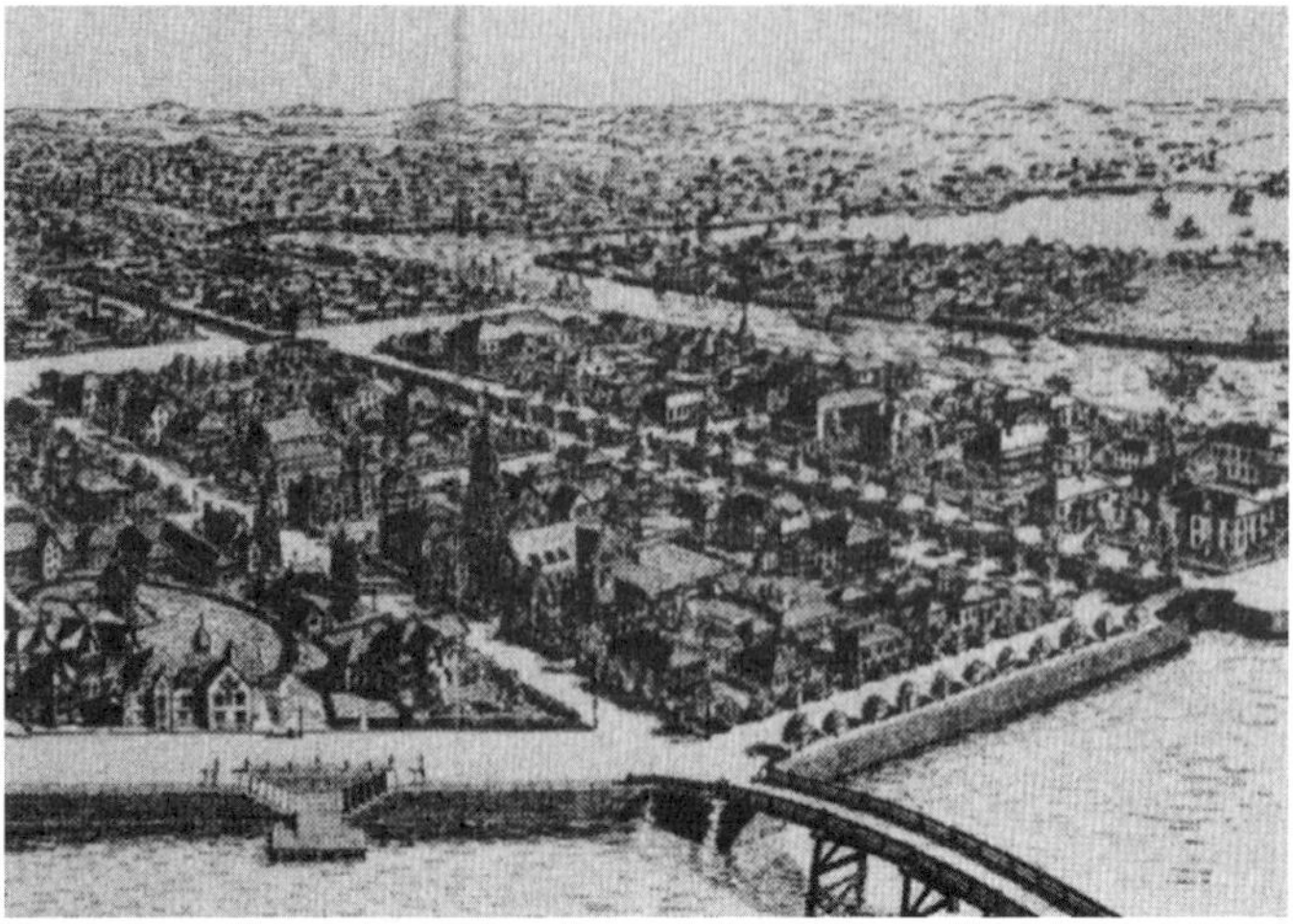

築地の居留地（立教大学図書館蔵）

桜にも、ポトマック河畔をしのぐ絢爛さが、まだ東京には残っていたのである。

　隅田川河口の佃島周辺では初春は白魚漁が開始され、夜空を焦がす篝《かがり》火も夏の花火とともに下町情緒をそそる風景であったし、浅草寺の出開帳《でがいちょう》や四万六千日の賑わいだけは変わらなかった。

　日本橋界隈は別として、京橋付近の表通りが、本町三丁目から大伝馬町、浅草橋へ抜ける表通りより賑わい出したのは、多分にガス灯のほのかな明りの影響がある。しかし、そこには時代とともに移る人の流れの変化がはっきり示されている。ことに京橋から新橋へかけての銀座通りには、不燃都市化をめざす政府の異常な熱意によって、ミニロンドン・ミニパリが出現した。いわゆる銀座煉瓦地である。

　横浜から陸蒸気に乗って新橋ステーションに降り立った異邦人は、人力車にゆられて銀座の煉瓦街を抜け、築地の居留地にいたるコースをとったが、このわずかな地域が東京の文明開化を象徴する場であった。それは条約改正を控え、擬似欧米街区の建設を急ぐ政府のみせかけの措置であった。しかし、その煉瓦街は日本の気候風土を無視した設計と、粗悪な煉瓦石を材料としたために、さまざまな不都合が起こった。そして銀座煉瓦街は、当初意図した不燃都市東京のモデルケースとはならなかったばかりか、空屋が続出したのである。

人の住む家としては不適というレッテルをはられた煉瓦街は、明治一二、三年から新聞・雑誌社の集まる情報センターと化した。その数五〇社、東京中の新聞・雑誌社の約半数がここに集まったことが、わずかな救いであろう。

さて武家という最大の顧客を失い、途方に暮れる江戸根生いの小商人・諸職人・雑業層の下町住民は、これまで住みなれた住居を離れるに離れられず、以前に増して隣り同士で助け合いながら、粗末なバラック住宅に暮らしていたのである。彼らは人肌のぬくもりを感じさせる隣人愛を唯一の支えに信じ合い、はげまし合いながらも、東京占領者に対しては、その正体をみきわめるまでは決して心をゆるすところはなかった。しかし、その感情を胸の奥深く秘め、決して口にはすまいと思いながらも、つい口走ってトラブルは絶えなかった。それが、江戸ッ子気質というものであろうか。

このころの一国の首都は、東京《とうきょう》とも東京《とうけい》・東京《とうけい》とも呼ばれ、その呼称は一定していなかった。だが一時期とはいえ、東京《とうけい》大学や東京《とうけい》府と公称に用いられたことは、一般に東京が〝とうけい〟と呼ばれていたことを裏書きしている。そのことから、江戸から東京へのはざまに私は〝東京時代〟を設定したのである（拙著『東京《とうけい》庶民生活史研究』参照）。

その東京時代の東京では下町に人口が偏在し、山の手は田園と化したのだから、まさに激変の都市東京といえよう。

庶民の仕事・暮らし

近代日本医学の育ての親ベルツの日記には、日本人とは驚嘆すべき国民であると記されている。それは、一夜に二〇〇〇戸も三〇〇〇戸も焼き尽くす大火に見舞われても、うちひしがれたりする様子は微塵もみせないどころか、驚くほどのスピードで焼跡を整理し、嬉々として再建にとりかかっている人びとの顔には、生気がみなぎっていたからであった。この不思議な光景を明治九年一一月の大火に発見したベルツの驚きは、ヨーロッパの不燃建築をみなれた人の驚きであった。

しかし火災都市東京は、三年に一度は大火に見舞われることを前提にしていた。慶応二年から明治五年の六年間に、銀座の住人四二軒のうち、罹災しなかったのは約二割に満たない。あとは二度、三度と丸焼けの憂き目に会ったといわれる（『東京市史稿』）。だから、家主は長屋を建てるのに〝三年元取り〟と称し、粗末なトントン葺きの家屋を建て、焼けてもすぐ建築にかかれる〝焼け家〟と称する簡易住宅があとを絶たなかったのである。明治一二年の『諸調書』にはその数五万四四四四戸、東京の家屋の五四パーセントを占めていたことが記されている。さすがのベルツも、この頻発する火災を嘆きの対象とするより、むしろ東京生活の節目と考え、生産意欲を増す東京人特有の意識までは見通せなかったのである。

こうした社会状況に対応して、職人層の中でも建築関係の大工・左官の数は他を断然引き離していた。明治一二年の統計によれば、大工の戸数六三六五戸、左官一五六六戸、屋根屋一一九四戸、建具職七五二戸、畳職六一四戸、瓦焼職二一二戸、渋塗り一六二戸それに火災対策用の穴蔵をしつらえる専門の穴蔵大工一〇一戸を数え、職人戸数全体の約三〇パーセントを占めていたのである。この建築関係の職人たちは、神田・日本橋をはじめ浅草・本所・深川方面に多く住んでいたが、これは奇しくも大火発生地域や延焼地域と符節を合わせているのである。

この建築関係以外の職人たちはどれほどいたのだろう。先にみたと同じ『東京府統計書』によって、職人戸数三〇〇戸以上の他の業種を挙げてみることにしよう。

裁縫（一六二六）・鎊職（一四八九）・鍛冶（一三三七）・指物（一一六一）・袋物（九一六）・桶職（七七八）・染物（七二四）・下駄（六八九）・版木（六八六）・版摺（五六三）・足袋（五二五）・塗物（五一六）・髪結（四五六）・筆（四〇三）・たばこきざみ（三七九）・べっ甲（三七五）・櫛（三五一）・紙すき（三五〇）・傘（三四六）・鋳物（三三三）・こうもり傘（三三一）・提灯（三四七）・蒔絵（三一〇）。

これらを含めて全部で三七六業種三万七〇二一戸の職人戸数を数えあげると、まさに種々雑多な職人の町東京の感が深い。いまかりに一戸平均その家族を含めて六人とみて単純計算すると、二二万二一二六人という職人人口数が得られる。これは東京総人口の約二七パーセントに相当する。このほかに小商人・雑業層といった職業人口といまの職人人口を加えると全体の約九割近くが、主に東京の下町と、山の手も本郷・小石川の一部に居住していたのである。このようにみてくると、東京時代の人口の大半は、まさに下層庶民といって過言でなかった。

彼らの暮らしぶりを展望すると、決して経済的に恵まれた生活を営んでいたわけではなかった。

明治一四年の畳職人の日当が四五銭、瓦職人四八銭、屋根職五三銭、左官・大工が五〇銭という時代である。いまかりに大工一ヵ月の実働日数を二五日とすれば、一二円五〇銭が月の収入となる。

夫婦と子ども二人の家族四人暮らしと、少なく見積もってみても、一日に食べる米の量は一升六合となる。一ヵ月にすれば四斗八升、その代金は当時の小売り米価に換算して七円となる。残りの五円五〇銭で味噌・醤油から副食、湯銭、床屋代、世間のつき合い費、子どもの教育費、こづかいをまかなうとなれば、まさに爪に火をともすような生活ぶりであったことはいうまでもない。

この大工の月一二円五〇銭の収入は、それでも私立小学校の教員や巡査の給料よりもやや上まわっていた。とすれば、大工や左官の手伝いや、一定の職業をもたない雑業層や日雇いの生活はいったいどうなるのであろうか。

「一週間に一度、鯖の一匹も食べられるうちはよい方で、なかには一塊の焼き芋や、一片の大福餅で飢えをしのぐ人もあった」という。この松村操の『東京穴探』(明治一九年)の叙述は、まったく的はずれとはいいきれまい。

それればかりではない。暮らしの基本条件である住まいの問題についてみれば、彼らが一戸建ての持ち家をもつことなど夢想もできなかった。九尺二間の裏長屋でも一ヵ月五〇銭(明治一二年『諸調書』)というのは収入・物価に照らして決して安い店賃とはいえなかった。本所・深川あたりが日本橋・神田・京橋周辺に比べて一割安としても四五銭、それでも住みよい条件とはいえなかった。ましして人形町あたりの瓦葺二階建て(建坪一八坪)で家賃四円五〇銭とか、板葺で三円五〇銭の店賃を支払う経済力など職人層にはまったくなかった。

小売り人でも米屋とか質屋を営む階層でなければ、表通りの住人になることは困難だったのである。まして同じ建坪一八坪でも塗家造り土蔵付きの店賃二五円（室町通り）などを月々支払えるのは、よほど業績の上がっている商人でなければ、それは無理な相談事といえよう。

東京時代の都市生活の規範

東京の町の特色の一つは雑居性にあった。土蔵造りや塗家造りの立ち並ぶ表通りの重厚な町並みも、一歩裏通りに足を踏みこめば、そこは文字通り九尺二間の裏長屋が続いていたのである。なかには一戸「僅二三、四坪乃至五、六坪ニシテ、数口の家人其内ニ棲息シ」（『市区改正意見草案』）という状況であった。

こうして著しく階層を異にする人同士が同じ町内に住みながら、何の違和感ももたなかったところに、この時期の住民意識の特色があった。貧富おりまぜて一つ町に住む彼らは、むしろ相互補完的にそれぞれの階層身分に応じた町費の負担や仕事の分担を行なって、互いに助け合いながら生活していたのである。それが東京時代の下町であった。

たとえば呉服太物を商う大店の裏には大工や左官や鳶職人が住んでいて、いざ火災ともなれば左官はかねて用意の壁土を土蔵の扉や窓に塗りつけたり、鳶や大工は自衛消防の先頭に立つような仕組みが日常からできていたのである。大店の旦那は、彼らを自分の貸家に住まわせ、日頃から何くれとなく面倒をみて、その反対給付に怠りはなかった。店子の大工・左官や鳶職人たちは、万事信用第一の世の中で、大店の庇護を受けていることは生活上の利益にもつながるが、それよりも大店がバックにあることを、むしろ誇りとしながら家業にいそしんだのである。

こうした、午前四時ごろに開いて午後一〇時ごろに閉ざした江戸の木戸内を単位とするような小さな共同体は、いわゆる町内完結社会とみることができよう。

この町内完結社会の生活規範は俗にいう〃世間様〃にあった。あるいは〃お天とう様〃といってもよい。経済的には宵越しの銭をもちたくとももてなかった階層、いわばその日暮らしの職人層や、小商人や雑業に従事する人びとはお人よしで、正直で、まがったことが大嫌いということを自分たちの生活信条として生きてきた。江戸橋の橋上で拾った二五両の金札の落とし主を、三日もかかってさがす馬鹿正直者（明治三年『言上帳』）は少なくなかった。まさに巷説大岡裁きの「三方一両損」を地で行くような話である。

また、彼らは自分たち夫婦はともかく、息子や娘には少なくとも読み書き算盤程度の最低の教養は身につけさせたいという強い願いがあった。それは、月五〇銭の月謝を払って公立小学校へやる余裕はないが、せめて私立小学校へということにあらわれた。かくして寺子屋から名は私立小学校と変わっても、寺子屋時代同様、適当な束脩《そくしゅう》を経済力に応じてもたせればそれで済む私立小学校に圧倒的人気が集まった。それは明治一二年における全国私立小学校数一三一五校のうち、東京にはその五三パーセントに相当する六九八校が存在した一事をもってしても証明できるであろう。

当時、一般的であった公立第一主義の風潮に抗して私立小学校が存続し得たのは、五代東京府知事大久保一翁の積極的な保護政策に負うところが大きい。それも、町人や旧幕臣たちの専業寺子屋塾主がかなりの数にのぼっていた、江戸独自の特殊な事情があり、旧武士階級の失業対策的意味も加わっていたからである。

下町住民のゆとりと遊び

古典落語の「長屋の花見」に沢庵を玉子焼に見立てる話がある。〝いき〟や〝つう〟を気取る江戸ッ子にしては、いかにも寂しい話だが、極貧の生活の中にも花をめでるゆとりがあるとみたらどうであろう。

長屋住まいの貧乏人が富くじを当てて吉原で豪遊しても、それは何の自慢にもならなかった。女房を質に入れて初鰹を食べたなどということは、江戸ッ子の願望としてはあるだろうが、それが許される社会ではなかった。つまり分に応じた生活、分に応じた遊びが何よりも大切であったのである。

だがここで見落としてならないのは、ときに王侯貴族もおよばぬ心のゆとりを、彼らに共通した天性のごとくに持ち合わせていたことである。沢庵をぼりぼりやったのでは玉子焼にならないから静かに食べる。見立てばやりにつきものの擬似性を演出する工夫は必要であろうが、貧乏を意に介しない心の〝はり〟がそこにある。明日の暮らしの見通しなどつけようもない連中でも、人生は一回限りという心のゆとりは持ち合わせていた。それはあきらめとかデカダンスではなかった。人を押しのけても立身出世を夢みる現代型人間意識の発露は、そこに微塵も感じられないのである。

彼らは新富座の、舞台のみえない向桟敷にいながらも、俳優の口跡《こうせき》だけで舞台の進行をよみとり、三升屋（団十郎）、音羽屋（菊五郎）と声をかけ、それが俳優の気分を引き立たせたという。歌舞伎見物に行くのなら、それなりの教養を身につけていかないと恥をかいた。

魚屋が「今日はいい〝さんま〟だよ、江戸前だよ」としゃれても長屋の女房連は鼻もかけない。さんまは目黒に限るのである。寄席通いの常連が長屋には、うようよいたのである。明治一四年ごろ寄席の木戸銭が三銭（三代目柳家小さんの回顧談）であったというから、これなら歌舞伎と違って手軽に聴きにいける。

明治一二年の統計によれば東京市内の寄席の数一七六カ所、年間観客数三四〇万五七二三人が動員されている。おそらくその観客の大半は、職人や小商人や雑業の人たちであった。その証拠に落語のネタは、彼らの日常生活にヒントを得てつくり出されたものが圧倒的に多い。また、席亭の主人も鳶の頭や大工の棟梁であったといわれ、まさに東京の話芸は職人芸であった。

それと同時に寄席は下町住民のコミュニケーションの場でもあった。一日の疲労を笑いに吹きとばし、顔見知りの仲間で、高座にあがる芸人をあれこれ評判することが何よりの楽しみ、という人たちは、寄席のハネを見計らって出る屋台のかけそば（三銭）を一杯流しこんで帰宅するのが定法のようになっていた。

彼らの芸評は、落語好きの夏目漱石が、円遊や小さんを、小説の登場人物に名を借りて鋭くつくのとは違って、多分に感覚的である。それでも円朝が〝酔っぱらい〟〝芝浜〟〝財布〟の三つの題をまとめた三題噺の名作「盤台《ばにゅう》」の語り口などは逐一知っていて的確であった。また三代目柳家小さんの名作「時そば」で、「いまなんどきだい」と聴く、その答えは何時であろうと「へえ、四刻で」と与太郎型の間のびした調子で答えるのが、寄席通いの酒落である。このことは誰もが心得ていた常識である。だから、歌舞伎の名台詞《せりふ》や、傑作落語のオチを知らない長屋住人は数少なかった。それほど芸能世界が多様化していなかったともいえるが、彼らの遊びの中には常に共通の話題をもちこむゆとりがあり、それがこの時期までの都市生活者の特徴だった。

それればかりではない。両国広小路や浅草奥山の見世物をみるにも、潮干狩りを楽しむにも、花見をするにも、生活共同体単位の行動がかなり頻繁に行なわれていたのである。花見や紅葉狩りには町内ののぼりを先頭に、連をつくって賑々しくくり出すあたりは江戸生活の延長である。花見に酒はつきものだが、雪見に向島や愛宕山に出かけたり、螢狩りに王子や谷中、水道橋に出かけても酒は欠かせなかった。このように酒を飲むにも、風流にことよせていた。

ハレとケのけじめがはっきりしていた東京時代には、月待ち、日待ち、の民俗行事や両国の川開きなどにはハメをはずして酔いしれた。若者は好みの異性をもとめる絶好の機会としていた。また、祭りにかける伝法肌の若者の意気は盛んで、かつぐ神輿《みこし》は時折、因業大家の住まいに暴れこんだりもした。東京府当局からは、文明開化の世にあるまじき行動として厳しく規制されても、一向に変わるところがなかった。祭りの中でも神田明神のそれは東京一であったが、新政府に対するおもねりから、神社側が主祭神を氏子の知らない間に平将門から少彦名命《すくなひこなのみこと》にすり替えてしまったことに激怒した。そして摂社に祀られることになった将門社に寄付は集まっても、本殿の神を祀る神田祭りをボイコットする挙に出たのである。

酉の市から歳の市におよぶ師走の年中行事を最後に、新玉の年を迎える準備に忙しい頃ともなると、人びとの間に何となく違和感が出はじめ、もうこのままでは町の秩序はどうなるのだろうと、心配が表面化したのは明治二二年前後である。一町内完結社会の中に、全国からやってきて、東京を単なる足溜りの場と考える寄留人が大半を占めるようになってきたからである。

明治一二年前後から徐々に、徐々に進行してきた寄留人口の増大と、産業構造の変化はやがて、東京の都市構造の核であった人気《じんき》を変革せしめる結果を招いた。それは山の手に寄留人口が増大する以前に、すでに下町に起こった自壊作用だったのである。いいかえれば、下町と山の手との人気《じんき》が対立する以前に、下町の住民意識が分解しはじめたのである。かくして東京時代は終焉したのである。

第3章日常生活・衣食住・教育—2

東京の庶民生活

—文明開化期を中心として

（『月刊歴史教育』一九八一年十一月号）

文明開化は明治のはじめ、日本の欧風化、近代化を促す新政府の政策であった。幕末以来多くの留学生や遣外使節のもたらした情報、そして新政府誕生間もない岩倉使節団の米欧回覧は文明開化の方針を決定的にした。

そうした上からの開化政策にもかかわらず、庶民は「ジャンギリ頭ヲタヽイテミレバ文明開化ノ音ガスル」と囃したて、「上からは明治だなどというけれど、おさまるめいと下からは読む」と駄洒落をとばして揶揄《やゆ》したのである。

江戸の盛時、一三〇万人を誇った人口も、東京になって一挙に五七万人に減じた。山の手を中心とした旧武家地の荒廃は甚だしく、赤坂・青山あたりは昼間でも女の一人歩きは危ないといわれるほどであった。下町に住む商人や職人たちは、最大の顧客である武家を失い、生活の危機にさらされながら、帰る故郷とてないまま、祖先以来の住みついた土地に、きびすを接して暮らしていたのである。それら東京庶民の生活史の断面を以下に垣間見てみよう。

銀座煉瓦地と住民

明治五（一八七二）年二月二六日、現在の皇居前広場にあった兵部省添屋敷からあがった火の手は、外濠を越えて、京橋、銀座、築地の二九二六戸を焼き尽くした。この火元が政府機関であったことと、築地ホテル館が全焼して外国人に衝撃を与えたことが重なって、にわかに東京不燃都市化計画が進捗《ちょく》することとなった。いわゆる銀座煉瓦地の建設である。

しかし、建設に当たってトラブルが起こった。それは竹川町・出雲町・南金六町（現在の銀座七・八丁目）で焼け残った四二軒の住民が、立ち退きの延期を願い出たことにはじまる。現在の松坂屋付近から新橋にかけての表通りには質屋・古道具屋・豆腐屋・蠟燭屋・舶来物屋・古本屋・小道具屋・居酒屋等々が軒を並べ、裏通りには寄席芸人、手踊師匠・日雇人が住み、それに金春《こんぱる》芸者の置屋が何軒か連なるといった町並みだった。

彼等の多くは慶応三年以降明治五年のわずか六年間に二回乃至三回も罹災した気の毒な人たちだった。幸い今回の大火には延焼をまぬがれたものの、息つくひまもなく今度は立ち退き騒ぎである。「土着住民救済」を旗じるしに、燃えない家をもとの住民優先に入居させるという結構な話だから、政府のやることに反対はしない。だが、せめて焼けのが原となった京橋方面から着工し、立ち退きまでに半年の余裕がほしいというのが、四二名結束しての住民の願いであった。

しかし、大蔵省建築局は、建築材料の運搬や、道路・水道の改修工事の支障となるという理由から「書面願之趣難二聞届一候事」と、とり合わなかった。住民の再三にわたる嘆願の結果、やっと五

銀座煉瓦地、明治８年頃（協力：資生堂企業資料館）

〇日の猶予期間が認められた。それも住民の窮状見るに忍びず、住民側に立った東京府当局の斡旋《あっせん》によるものだった。

さて、嘆願書に名のある四二名の住民の行方は、どうなったのであろう。わずかに質屋鈴木利兵衛、水油商吉川安之助の名が二等煉瓦地に見えるだけである。寛永年間から、この地に二四〇年も住みついた豆腐屋島崎喜兵衛も、享保年間から一五〇年も住みついた蠟燭商堀川新七の名も見えない。また吉村嘉六のように六年間に三回も罹災し、やっと住みついた銀座裏の住居も、借金に借金を重ねての建築、だが、その吉村の名も見えない。

政府の宣伝した土着住民の救済は結局、表面を糊塗する名目にすぎず、文明開化東京の象徴である銀座煉瓦地に深い翳《かげ》りを残した。

焼家の町　東京

〝火事と喧嘩は江戸の華〟といわれたように、江戸は不名誉な火災都市として有名であった。したがって不燃都市化計画そのものを新政府が実施に移そうとするのは至極当然の成行きであった。問題は都市計画全体の基本プランもなく、急ぎに急いだその拙速主義にあった。津田真道も「政論」（『明六雑誌』）の中で、「人民ノ権義ヲ問ハズ好悪ヲ顧ズ断然トシテ之ヲ行フ」は気違い沙汰だと政府を激しく攻撃している。東京府の担当官伊藤徹も「家屋ヲ論シテ其人ヲ論セス」（『煉瓦家屋取調書』）と同じように住民無視の政府の態度を批判している。

この煉瓦地はイギリス人ウォートルスの設計になるものである。だが、彼は日本の気候風土、ことに梅雨期の湿気を無視した窓の小さい二階建てを設計した。それ故に、ことに湿気を嫌う茶舗の倒産騒ぎまで惹き起こしたのである。後年、永井荷風が「鼠の小便と雨漏りの斑点と数知れぬ切張り」（『新橋夜話』）と、煉瓦家屋を批判するのも、無理からぬところであった。かくして、全東京を煉瓦家屋に建て変えようとする宏壮なプランは最初からつまずいてしまった。銀座煉瓦地のあまりの不評はその後のプランを中止させ、由利公正東京府知事の辞任へと発展した。そして相も変わらず、火災都市江戸は、そのまま火災都市東京へと引き継がれて行くのである。

銀座煉瓦地が完成して間もない明治九（一八七六）年一〇月二九日、数寄屋町二番地鈴木真蔵宅からの出火は、折からの西北の風にあおられて日本橋から築地一帯、八五五〇戸を焼き尽くす大火となってしまった。この火災を目のあたりにした東大医学部のお雇い外国人ベルツは「火災があってから三六時間たつかたたぬかに、はや現場では、せいぜい板小屋と称すべき程度のものではあるが、一〇〇〇戸以上の家屋が、まるで地から生えたように立ち並んでいる。まだ焼け残りがいぶっていて冷めないうちに日本人は、かれらの控えめな要求なら十分に満足させる新しい住居を、魔法のような速さで組立てる」(『ベルツの日記』)といって驚嘆している。同じ焼跡の光景を、一六歳の多感なアメリカ娘クララ・ホイットニー(後に勝海舟の三男梅太郎と国際結婚)も見ていた。そして罹災者が一様に「家や家庭から追い出されながら、それを茶化そうと努め、助け合っているのだ。涙に暮れている者は一人も見なかった。子供たちですら、静かに楽しんでいるかのようだ」(『クララの明治日記』)と、災害に遭遇した日本人の忍耐強さに驚いている。だが、それは「祝融《しゆくゆう》〈火事〉は東京府下の地獄を変じて極楽と為すものと云ふも可ならん」(「都会の花」『福沢諭吉全集』)といった江戸以来の東京人にのみ通用する特殊な感覚を知らなかったための驚きであった。

落語「富久」の一節に「ヂャン、ヂャンぶつけてるよ。今夜らー、この風だよ。火事になったらいい火になるよ。西北だよ」とある。明らかに大火の起こるのを期待しているかのような口ぶりである。それもそのはずで、「仮普請の手伝、其処に酒あり、彼処に握飯あり、賃銭は以前に一倍して酒池飯林に逍遙し、懐中は則ち配当金を以て温なり、況《いわん》や未済の店賃、米屋の払の如き、住居と共に消えて痕なきに於てをや」(『福沢諭吉全集』)という実状が、江戸以来繰り返されてきたのである。明治二年から四年にわたる東京市中のできごとを府当局に報告した『言上帳』にある月平均五〇件ほどの火災報告(ボヤ程度)のうち、約半数が火の気のない場所からの怪火である。明らかに付け火のにおいがする。この驚くべき報告は、停滞する雇傭関係に大火によって活を入れようとする意識の表現とするよりほかに理解できないのが悲しい。

東京に大火があとを絶たない最大の理由は、貧弱な家屋構造にあった。明治一二（一八七九）年東京市中に一二万八六三八棟の家があったが、そのうち五四パーセントに相当する六万九四六五棟は柿葺《こけらぶき》のバラック建築であった（『火災保険取調掛文書』）。この柿葺のバラック建築はトントン葺と俗称されたり、〝焼家〟ともいわれた。この焼家というのは江戸以来の名称の名残りで、いつ火災にあっても、さほどに未練を残さない、いわば焼けることを前提とした家屋であった。また、〝三年元取り〟という言葉もある。貸家を建築する際、大火による全焼を予測して、三年で元利を回収することである。その建築が粗末なトントン葺にならざるを得ないのも当然である。

享保の改革以来奨励されてきた土蔵・塗屋の不燃建築がわずか三一二〇棟、全体の二・四パーセントではどうにもなるまい。こうした江戸以来の火災都市東京の悪循環は明治二〇年代後半、近代消防が次第に整備されてようやくおさまるのである。

背広と袢纏・股引

現代日本人の服装を考えるとき、もはや洋服とか和服といった区別は陳腐なものになっている。それほど洋服の日常化は進んでいるが、明治初年の洋服姿はどことなくぎこちない異装だった。明治九（一八七六）年紀元節の朝、宮中に参内する官員の姿を見たアメリカ娘は「とても偉そうな顔をして、さっそうと歩きながら、ああ何ということだろう、チョッキとズボンの間があき過ぎて、それにズボン吊りなど着用しないものだから、純白な〈？〉シャツがはみ出している人」（『クララの明治日記』）を見てこっけいだといっている。黒ラシャのズボンに燕尾服と山高帽という官員の礼装は、本場の者から見れば、こっけいな服装と嘲笑されようとも、国家の威厳を象徴する服装令によるもので、個人の好みで変えられるものではなかった。欧化万能の時代、洋服は上層階層や官員、軍人の正装として欠くことはできなかった。

上流婦人の服装についても同じことがいえる。バッスルースタイルに蝙蝠傘《こうもり》は、銀座街頭をバックにした錦絵のこよない題材だが、蜜蜂よろしく、コルセットで胴を締めあげるには、涙ぐましい忍耐が必要であった。「腹が痛む、ソリヤ胃病だ、子宮病だ、お出入の醫者は額を顰《しか》め」（明治二一年八月二三日『東京日日新聞』）という状況は、あながち新聞記者の修飾的言辞でもなさそうである。事実、ベルツはコルセットの使用は医学的見地から問題があることを指摘している。だが、その本音は、足の短い日本婦人の洋服姿は「文化的、美学的見地からも全くお話にならない」（『ベルツの日記』）という審美的価値判断にあったようだ。それにバッスルースタイルだと、背中が大きくあいて、二列縦隊のお灸のあとを隠すことができなかったが、そのあたりにも洋服反対を叫ぶ外国人のやりきれない気持ちがひそんでいた。にもかかわらず鹿鳴館時代の総理大臣伊藤博文が、日本婦人の着物姿は、まるでおもちゃか飾り人形で、まるで人間扱いされないといっているのは、為政者の独断と偏見以外の何物でもなかろう。

東京倶楽部の集会に「我日本人と西洋人との交際を厚くする目的」（明治一八年二月四日『東京日日新聞』）から和服姿を禁止した意識は、一部の成金趣味に移行した。上流志向を願い、封建の世には許されなかった身分の倒錯を洋服の着用にかけ、燕尾服や背広を注文する者もあらわれた。背広一着二〇円乃至三〇円、大工の二、三か月分の収入に相当する値段は庶民の服装とは無縁であった。

庶民の日常の服装の主体は、いうまでもなく着物だが、仕事着で特長のあるのは股引に腹掛、袢纏姿である。都市労働者、例えば大工や左官に鳶職、それに八百屋や魚屋などの仕事着は、これに限られていた。明治五（一八七二）年の『東京府志料』によれば、股引、腹掛の生産地は京橋・日本橋・芝・下谷・本所・深川の下町に多く、足袋の生産地が麹町・麻布・牛込・赤坂・四谷・小石川・本郷の山手を含む東京全域であるのと対照的である。

洋の東西を問わず、人の考えというものは似たところがあるから、欧米人の今日の開化の源を探れば、それと似たものが必ず日本人にもあるはずだ。そうした視点からこの股引・腹掛、袢纏姿に着目したのは田口卯吉である。彼は西洋人の背広姿が、いかにわが国の労働者の股引・腹掛、袢纏姿と似ているかを説き、日本人の服装改良の根源をこの労働着に求めよといっている。しかし、それを閉ざしているのは「労力社会の少しく富めるものは直に貴族社会の牛後」（『日本開化の性質』）となり果てる意識であり、この上昇転化意識の改変こそ服装開化の急務だと説いた。

しかし、一般には労働着を士君子のとるべき服装ではなく、それは「猟者に釣竿を与へ、漁師に猟銃を授くる」（『風俗画報』）のと同じちぐはぐな行為とみなされていたのである。

今日、日本人の成人男子の服装が背広によって統一されているかのようである。しかし、その根源には、衣服の大事な要件であるその機能性や保温性、あるいは美観といったものより、衣服にあらわす身分階層意識が働いていたことは否めないであろう。

牛鍋とおかず番付

文明開化期の食生活を象徴するのは牛鍋であろう。江戸の赤味噌の甘味を味付けにして長葱《ねぎ》の白味を五分切りに煮込み、山椒の辛香《からみ》を添えて食べるのが牛鍋で、その起源は牡丹（山猪）鍋にあるらしい。

当時、東京には十指に余る牛鍋屋が妍を競ったが、中でも浅草の米久、神田の中川などは有名であった。この牛鍋屋の賛否論を展開するのは仮名垣魯文の『安愚楽鍋』だが、文中、牛の生肉を冷して酢味噌で食べる話がでてくる。さすがにそれは一般化しなかったが、こうした調理法への新たな工夫は、スキヤキという、今日では世界的になった牛肉調理法を生む源泉志向へつらなる。

さて、文明開化期の肉食奨励の波は、活字に多く残されている。福沢諭吉の『肉食之説』は富国強兵路線へつらなる日本人の体力増進策として説かれている。こうした意識は一般化し「肉ハ能く肉を造り体力を増し兼々精神力を逞しふする」（『通俗飲食養生鑑』）という認識を生んでいる。それは「本邦人ガ常食トセシ所ノ米麦及野菜ノ類ハ、其滋養分ニ乏シクシテ、人体ノ健康ヲ維持スルニ足ラザル」（『郵便報知』）ものとする、従来の日本食蔑視論へつらなる。特に海藻類を食べるのは「蕃風」とするような風潮にも発展しているのである。

しかし、世の識者が喧伝してやまない肉食奨励にもかかわらず、肉食が当時の一般家庭に普及していたとは思われない。第一その値段が問題である。京橋白魚橋吉川や、赤坂辨慶橋通り上総屋などの入口には「うしなべ御一人前三百文」と札がかかっていたという。明治三、四年に、三〇〇文といえば、かけそば一六杯分にも相当する値段である。庶民の食膳をにぎわすにはいささか高すぎる値段であり、獣肉を食べない仏教思想の影響も手伝って、肉食の一般化はさほどでもなかった。

しからば、当時一般庶民の食膳をにぎわしていたのはどのような食べ物であろうか。江戸以来の慣習で『毎日惣ざい一覧』とか『ばんざい　せわいらず、おかずの早見』といった番付の類が、その手懸りを与えてくれる。

なまぐさ物では、大関いわしのしおやき・関脇しじみじる・小結あさりどうふ、精進物では大関うのはないり・関脇八はいどうふ・小結大こんにつけとある。また関東・関西のおかず番付を対比すると、関東の特色として小松なのしたし物・富貴豆、ぶどう豆・みつばのごまよごし・納豆・納豆汁・くさやのひもの・しゃこの塩ゆでなどが挙げられる。反対に関西版にあって関東版にないものは、水菜したし・糸こんにゃく葛汁・かすじる・ちしゃのしたし物・白瓜みそあえ・白瓜くず煎・白瓜ごまあえ・なすびくず煎・加茂瓜葛煎・ゆばの味噌汁・ゆば葛汁・焼麩葛炊・高野豆腐・そうめんみそしる・にゅうめん・柚・松たけ・牛蒡胡麻ひたしなどである。

関東にくらべて関西はそうざい物の種類も多く、今日では庶民の口にはめったに入らない「柚・松たけ」なども含まれ、一見豪華な感じがしないでもない。しかし、その一つ一つを精細に当たってみると関東・関西ともに質素な点では変わりはなかった。もちろん、番付の何種類かを組み合わせて食卓に乗せれば、それはそれなりに立派なものになろうが、一年三六五日の日変わり番付のあるところからすれば、文明開化期即牛鍋といったイメージは、当時の庶民生活から遠い存在であり、東京庶民生活とも無縁であった。

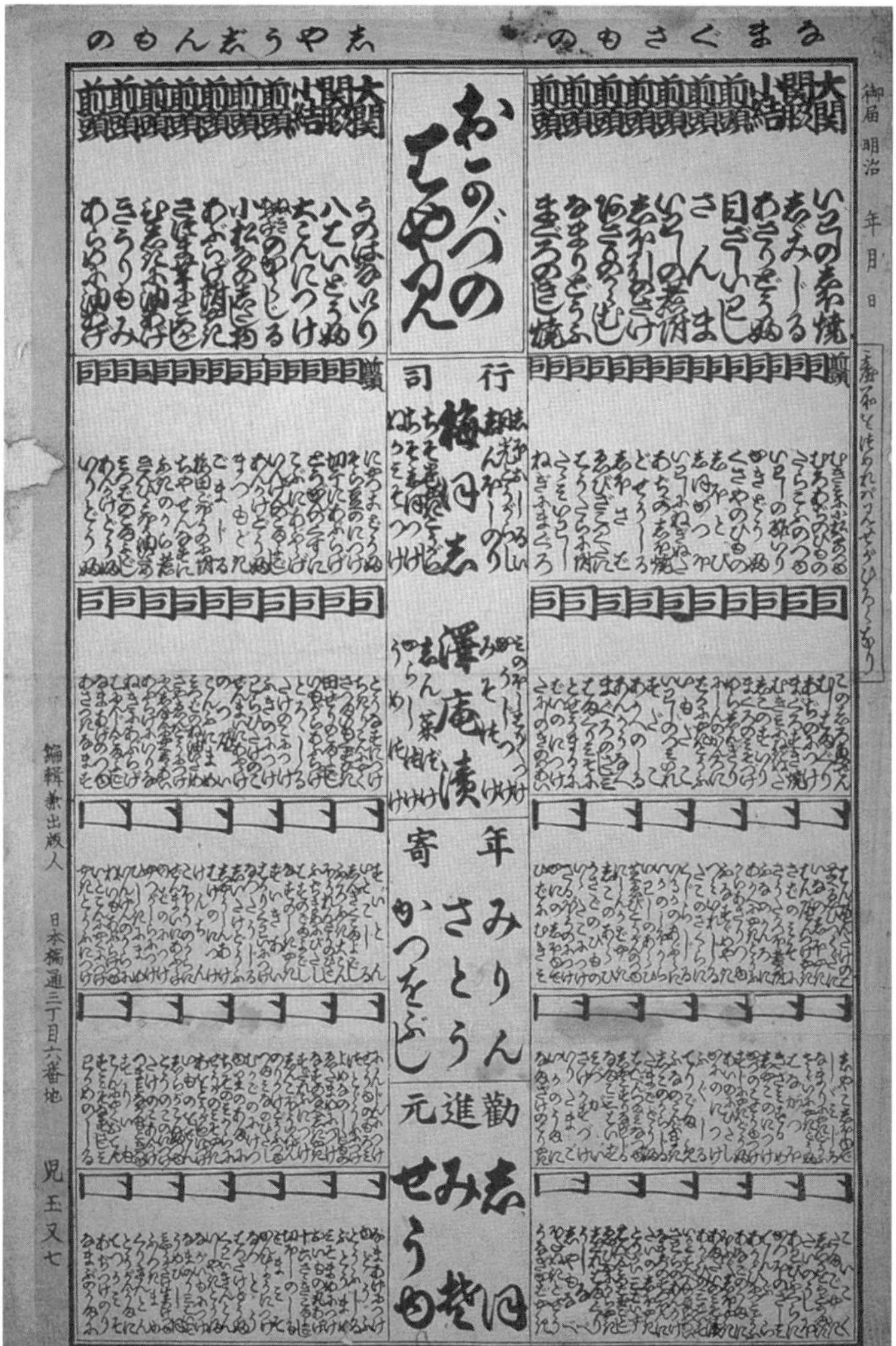

おかずの早見（東京都立中央図書館東京誌料文庫所蔵）

それどころか「一週間ニ青魚《サバ》一疋グラヰハ喰ヲ得ル者ヲ上等トシ」(『東京穴探』)とか「一塊ノ焜《ヤキ》薯《イモ》ヲ以テ数日ノ命ヲ繋ギ」といった下層庶民の生活実態記録にふれるとき、これでは栄養不良間違いなしという感を深くするのである。まさに食うや食わずというところだろうが、それでもなんとか生活できるのが都市生活というもので、町うちや、木戸うちの協同社会が、世間まわりもちの意識で足らざるを補っていたと考えられる。

明治一四(一八八一)年、大工の日当が五〇銭、この大工が、一か月のうち二五日働いたと仮定して、月収一二円五〇銭、その家族が、女房、子どもを含めて四人としても、米一人平均四合で一日に一升六合、月になおすと四斗八升、その代金を当時の小売米価に換算して約七円となる。残りの五円五〇銭のうちから店賃《たな》を払い、味噌、醤油の調味料から日々の副食代、湯銭、理髪代、それにつきあい費や教育費を支払うとなると、その暮らしぶりに、ゆとりなどはまったくなかった。それにもかかわらず、長屋に新妻を迎え入れた職人の喜びをうたった「九尺二間にすぎたるものは、紅のついたる火吹竹」という俗謡が残されているところに下町の運命協同体的人情が出ている。

この大工の会計簿で米代の比重が大きいのは、質素な副食で不足するカロリーを米食によって補給するからであった。加えて東京の職人層には「麦飯喰ふくれえなら死んだ方がましだ」(『東京風俗志』)という習慣が重なっている。一日に職人は五合飯、木樵《こり》は一升飯を食べたというのも本当の話である。米飯偏重の食生活、それも東京の職人たちのように白米ばかり食べれば〝脚気〟になる率が高くなるのも当然で、脚気のことを〝江戸煩《わずら》い〟といった。そして東京には脚気専門病院が何か所も設けられていたのである。

栄養やカロリーなどを考えることもなく、ただ「うまい」「まずい」という一種の情感的基準だけを問題にして麦飯を嫌う東京人より、五穀を適当に年間配分しながら食べる農民は健康であった。まして畠場や山間では、米を常食にしたくてもできない人びとが数多くいたが、それらの人びとの方が、都会人よりはるかに強健な体力を培っていた。そこに着目して、陸軍兵士に麦飯を奨励して脚気を一掃しようとしたのが陸軍軍医総監森林太郎、つまり文豪鷗外であった。

コレラと水道

脚気が死亡原因に挙げられるのも、いかにも明治だが、明治一五（一八八二）年に東京一五区で七二六人を数えている。その内訳は、日本橋区一三二人、京橋区九七人、神田区九一人、浅草区九〇人、芝区六七人、下谷区三二人、本所区三七人、深川区三一人で、下町八区の合計五七七人、全体の約八〇パーセントを占めている。山手七区の内訳は本郷区四九人、麹町区三三人、麻布区二〇人、小石川区一六人、牛込区一五人、四谷・赤坂両区がそれぞれ八人となっている。江戸煩いはどうやら下町病ともいえそうである。当時、最も恐れられたのは伝染病だが、中でもコレラの恐怖は尋常ではなかった。そのコレラを死因とする区別分布も、脚気と同じである。ということは先に述べた下町住民の米飯に対する意識のほかに、その衛生環境に問題があることはいうまでもない。

衛生環境問題のきめ手は飲料水である。明治一六（一八八三）年六月、神田豊島町と雉子町の飲料水を東大理学部で調査した結果、「夥多塵埃ヲ含有シ汚濁甚シク又稍々色ヲ帯ブ」（『東京府衛生課回議録』）という状況であった。当時は江戸以来の木管水道にたよっていた時代だから、飲料水の中に「多ク木片ノ組織ヲ認メタリ」とするのはまだしも「無色或ハ黄褐色ノ植物細胞相連繋シテ、長キ糸状ヲナスモノ最モ多ク存セリ。且ツ其ノ形状亦種々ナリ、又アメーベン、モナーデン、バクテリエン等ニ類スル下等植物多ク存在シテ、粘液様質間ニ枢走運動スルヲ認視シタリ」というにいたってはただあきれるほかはない。

神田上水系の水道に最もその水質汚濁はひどく、日本橋の通り油町あたりから、小網町、本材木町あたりでその極限に達していた。報告書は、「必ズヤ人獣ノ排泄物ヲ初トシテ、其他種々ノ有機性腐敗物ノ直ニ水ニ接触スルナラン」と結んでいる。こうした状況ではコレラが一たび発生すれば、日本橋南東地域に最も猖獗《しょうけつ》を極むるのは当然のことといわなければなるまい。

神田上水の水源である、井の頭弁天池の水質検査の結果は「清潔ニシテ誠ニ愛ス可シ」と報告されているのに、新宿十二社あたりまでくると、濁水が上水に流れこみ、小石川、関口水道町あたりでは、田畑の「垢穢不用水悉ク落入ス」という状況になっていた。明らかに、水質管理保全の手ぬかりである。

玉川上水系にしても同じである。四谷大木戸あたりでは雨降りの折には道路の濁水はもちろん、「腐敗物牛馬犬猫ノ糞尿トモ盡ク上水へ溢レ入ル」(『東京都水道史』)状況では一日として放置できない差し迫ったものがある。しかし、警視庁や東京府当局者の改善建白書によって部分的改善工事を行なっても、それは焼石に水である。基本的には江戸以来の木樋を鉄管に改め、水圧を加えられる近代水道に改善することこそ焦眉の急であった。だが、政府は庶民生活の環境改善より、軍事的に意義のある道路改善に血みちをあげ、東京を泥濘の町とすることを急いだのである。そして、近代水道がほぼ東京市内に行きわたるのは明治三〇年代も後半のことであった。このように文明開化期、東京の庶民生活には、多くの翳《かげ》りの部分があったのである。

第3章日常生活・衣食住―3

江戸・明治の庶民住宅

――家居は至而《いたつて》粗末ニて、上方ニ似るべくもなし……

（『すまいろん』一九九六年冬号）

一、裏長屋

川柳『柳樽』に「ひとり者店賃《たなちん》ほどはうちに居ず」という句がある。男性過剰都市江戸下町の長屋の住人の様子を詠んだ句に違いないが、たまに帰った長屋で朝寝を楽しもうとすると、隣家から合図がある。

「椀と箸持って来やれと壁をぶち」と親切な隣りのかみさんが朝飯を馳走してくれる。鍵もなければ、壁の破れに錦絵を貼っている程度の開け放しの住人どうしのコミュニティは簡単にできあがる。神田上水、玉川上水の桝桶のある井戸端は、かみさん連中の世間話の場であり、町内に一軒や二軒あった髪結床は男の女性評の場でもあった。

職人には大工、左官などの出職と、桶屋や指物《さしもの》屋のような居職があったが、雨天続きの出職の経済状況も考慮した居職のかみさんが、前掛けの下に惣菜をドンブリに入れて「つくりすぎたから食べてよ……」ともってくるあたりは、出職の家計を思いやる心のぬくもりを感じさせるものがある。長屋の生活規範とでもいうべきものがあるとすれば、〝引越そば〟などがあげられよう。新しく長屋に住まいするときの仁義として、「よろしく」と挨拶があってはじめて仲間入りできるが、それを怠るような人とは付き合わぬということは固く守られていたようである。

紀州藩付の医者が江戸っ子を評して「人気の荒々しくに似ず、親切なること感に堪へたり」（『江戸自慢』）とは、いいえて妙である。常に出入りの激しい江戸社会では、どこの国の人でも相手を尊重する姿勢があればすぐコミュニティができたのが、その特徴であった。

こうした裏店《うらだな》の標準サイズは九尺二間、間口九尺（二・七メートル）に奥行二間（三・六メートル）、畳四畳半に一畳半が出入口と台所、押入もなければ便所は外の共用である。鍋釜は自前としても、行灯《あんどん》や蒲団《ふとん》、冬季のこたつなどの家庭用品は、すべてリースを行なう損料屋の仕事である。「損料屋夫婦喧嘩の門《かど》に立ち」という川柳は、足繁く通う損料屋と長屋の住人との関係を象徴するかのように思える。

長屋の構えも、たび重なる火災で、次第に粗末になり「九尺店《たな》長芋らしい梁ばかり」という有様で、屋根は柿葺《こけらぶ》き（トントン葺き）か、かきがら葺き、まさに吹けば飛ぶような住まいである。勿論、言葉も人気も荒い。それでいて、「人気の荒々しきニ似ず、道を問へば下賤の者たり共、己が業をやめ、教へること叮嚀にして、言葉のやさしく恭敬する事、感ずるニ堪たり」（『江戸自慢』）と、紀州藩の医者は江戸っ子の人情味のあるところをほめそやしている。

この『江戸自慢』の著者は、江戸の家の造りを和歌山と比較しながら次のように述べている。

「家居は至而《いたって》粗末ニて、上方ニ似るべくもなし、壁土は汚濆泥ニ粘なく、風雨の堪へがたき故、壁の上を板張ニし、瓦をふくも僅かに端の方ならで土を不レ用、蹴れば瓦は悉く落るなり、かまどは清き粘土を用ゆれど価貴く、実に土壱升銭壱升と言ふべし、火ニ焼くるも、江戸の家十軒は上方の一軒にかけ合ふ、箸で家建て糞《ばば》で壁ぬるとは、江戸の小家の事なるべし、瓦の価は若山《わかやま》に三倍す」

これが幕末の江戸の庶民住宅、ことに裏長屋の実態であった。

これより先一八世紀半ばには、これとは全く異なるケースもあった。利根川筋の河岸問屋が江戸のど真中、本石町二丁目横丁に間口二間半と二間、奥行三間位とおぼしき五軒長屋を経営していたことが、国立歴史民俗博物館所蔵文書でわかる。しかもそれには八、九尺幅の裏庭がセットされ、十畳ないし八畳に押入付きの長屋で、裏長屋のイメージを変えさせるものがある。

二、明治二年汐留の町屋

汐留新町・三角屋敷は、新橋ステーション用地の一角にあった。ここは浜御殿にほど近く、旧播州竜野藩脇坂淡路守上屋敷の隣接地に当り、四二軒の町屋があった。

この土地を政府が買収すべく東京府に民情調査を依頼した際、東京府が工部省へあてた上申書が公文書館に残され「鉄道一件」としてまとめられている。ここには面白いことに職業が明記されている。

船宿一〇、船乗稼人四、車屋三、大工職二、炭薪屋二、のほか荷船、駄賃馬、駕、車力、砂利、玄米、升酒、舂米、粉名、糠、料理、鮨、鱣(註、鰻のこと)、左官、日雇、桶、髪結、賃仕事、仏

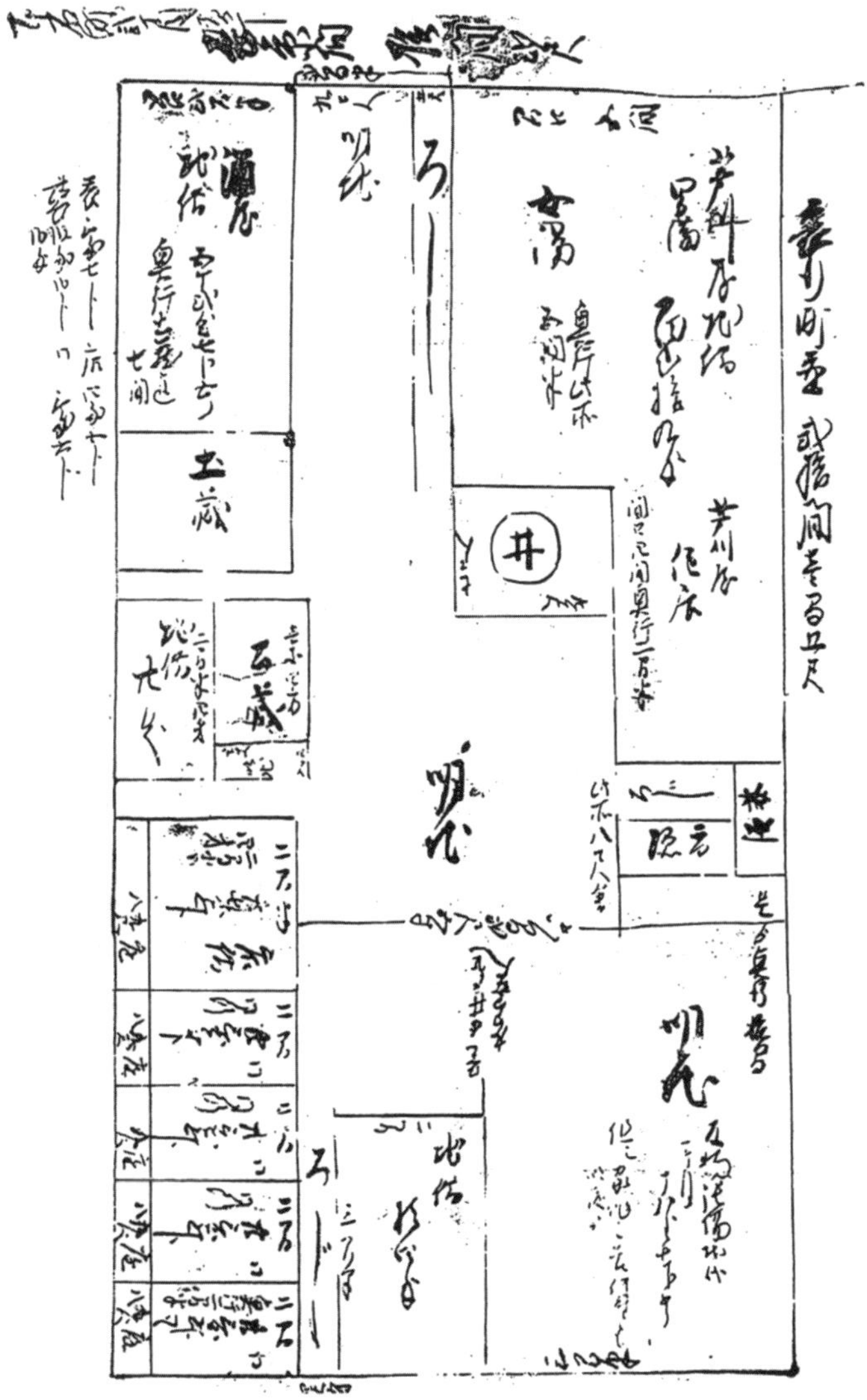

本石町二丁目の五軒長屋　左下部分が五軒長屋（国立歴史民族博物館蔵）

師、薬湯、中年寄各一、計四二となっている。

これを見ると、江戸東京に数多くあった船宿町の一つで、「右之場所ニ居住のもの共は、船宿又は水主渡世之ものニ而」とあることや、「右渡世之者共、稼先得意場水辺ニ而」とある史料が、これを裏付けている。

この地区の引き払い対象建造物の全容を一四番組中年寄（江戸時代の町名主）坂部六右衛門から東京府への上申書を整理し一覧表にまとめてみると、一四〇頁の表のとおりとなる。

この表で目に付くのは、一戸建ての家として、船宿、舂米屋、升酒屋、糠屋、中年寄、料理屋、大工、粉名屋、炭薪屋、駄賃馬屋、薬湯屋などこの時代の建物としてその坪数は妥当と思われるが、あとは狭隘な一戸建てが極めて多いことである。そして棟割り長屋の住居空間に相当する三坪の独立家屋も存在する。船乗り稼ぎ人大房留吉・根田新吉の家屋がそれで、同じ職業の吉田平吉の家はそれより〇・五坪、つまり畳一畳分だけ広い。また日雇い稼ぎ人嶋田甚蔵の家は二坪、仮に畳三畳を敷いたとすれば、あとは押入れ、便所のスペースもなく畳一畳分の土間のみが残るだけである。さらに鮨屋吉川兼松の家は一・七五坪で最狭小の住居空間である。これはもちろん行商の鮨屋と思われるが、一人身ならともかく、夫婦二人だったらどのような生活をしていたのか、その様態を想像しても見当もつかない。

また大工、左官、髪結い、饂屋、仏師なども六坪以下の住まいで、ことに髪結い、饂屋など店舗部分の当然必要な職業の場合、六坪ないし五・二五坪の建物全体から推して、その居住部分の狭隘さは、船乗り稼ぎ人や日雇い稼ぎ人などと変わらない条件下にあったと判断されるのである。

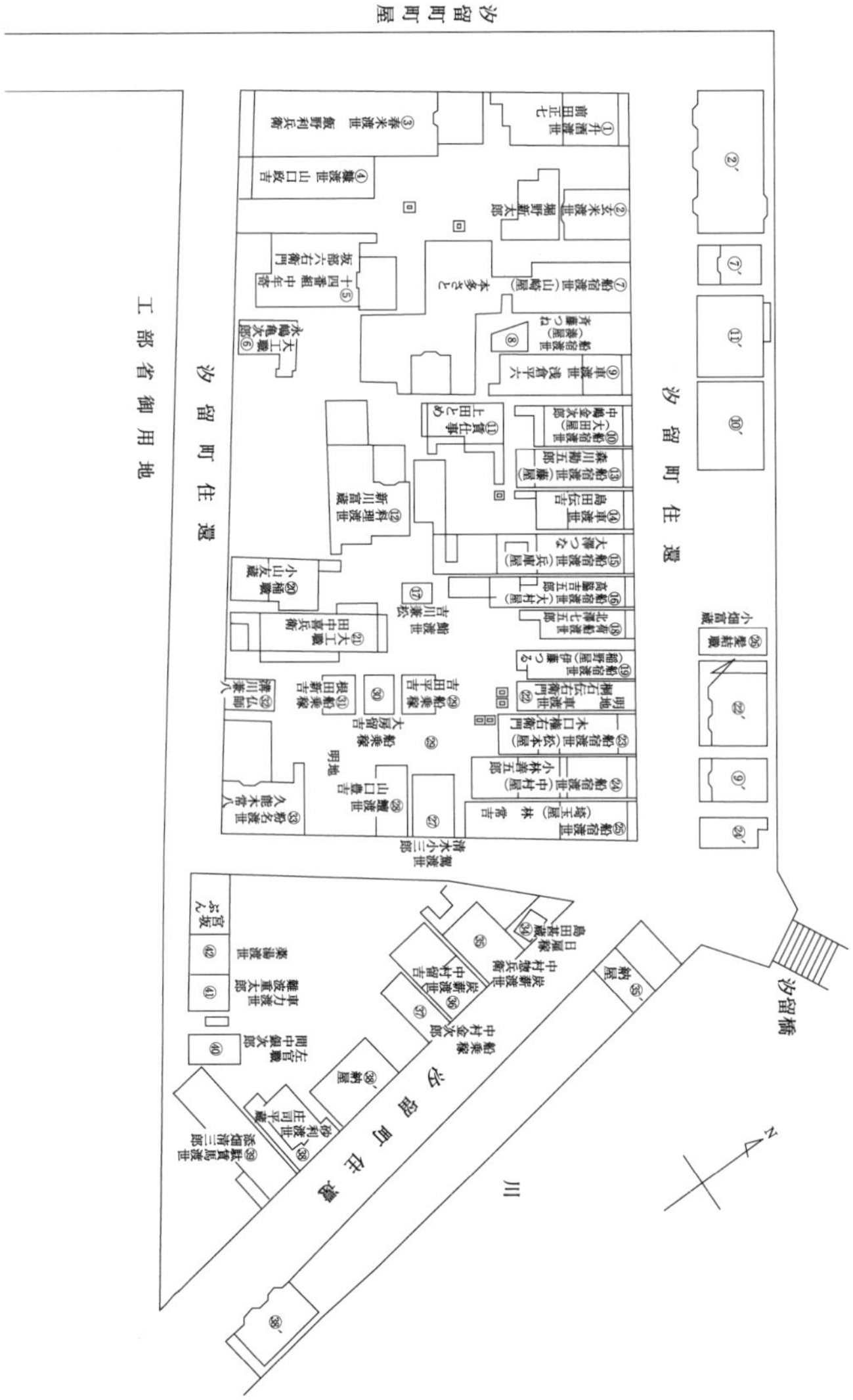
汐留町屋
工部省御用地
汐留町住還
汐留町住還
汐留橋
川

引払い対象建造物建坪、査定引料手当一覧

番号	職業	屋号	氏　名	柿葺平家	同二階建て	瓦葺平家	同二階建て	土蔵	穴蔵	河岸柿葺	同納屋	河岸瓦葺平家	同二階建て	河岸上蔵	査定引料	査定手当
				坪	坪	坪	坪	坪	坪	坪	坪	坪	坪	坪	両	両
1	升　酒		前田　正七			8.50									96	14
2	玄　米		堀野新太郎	8.00				8.75	1.00					24.50	1,270	190
3	春　米		飯野利兵衛	27.65				6.25							280	42
4	糠		山口　政吉	13.00											29	4
5	中年寄		坂部六右衛門	0.80		15.50		5.00							306	46
6	大　工		永嶋亀次郎	6.00											13	2
7	船　宿	山崎屋	本多　さと	46.00								2.30		4.00	496	74
8	船　宿	湊　屋	斎藤　つね	3.50											11	1
9	車		浅倉　平六	10.25		1.00	4.00							6.00	287	43
10	船　宿	大田屋	中嶋金次郎	7.25		1.00	12.00						15.00		189	28
11	賃仕事		上田　とめ	1.75			3.00						13.33		65	9
12	料　理		新川　富蔵	18.25				3.00							162	24
13	船　宿	藤　屋	森川勘五郎	2.00		1.00	9.00								93	13
14	車		島田　伝吉			4.50	6.00								77	11
15	船　宿	兵庫屋	大沢　つな	4.44		1.00	12.25								131	19
16	船　宿	大村屋	高脇吉五郎	4.00			6.75								75	11
17	鮨		吉川　兼松	1.75											3	2
18	荷　船		北沢七五郎	2.75		0.75	4.50								54	8
19	船　宿	稲野屋	伊東　つる	0.50		0.75	6.50								63	9
20	桶		小山　友蔵	6.50	4.00										34	5
21	大　工		田中喜兵衛	5.50	12.00										79	13
22	車		桐石伝右衛門	3.00						3.75				12.00	341	46
23	船　宿	松本屋	木口権右衛門	4.00		2.00	6.00				6.25				89	13

番号	職業	屋号	氏名	杮葺平家	同二階建て	瓦葺平家	同二階建て	土蔵	穴蔵	河岸杮葺	同納屋	河岸瓦葺平家	同二階建て	河岸土蔵	査定引料	査定手当
24	船宿	中村屋	小林善五郎	5.00	4.00	1.00	6.00				6.00				112	16
25	船宿	埼玉屋	林　常吉	10.00		1.00	7.00								99	14
26	髪結		小畑富蔵	6.00											13	2
27	駕		清水小三郎	6.00											13	2
28	鱸		山口豊吉	5.25											10	1
29	船乗		吉田平吉	3.50											7	1
30	船乗		大房留吉	3.00											6	3
31	船乗		根田新吉	3.00											6	3
32	仏師		溝川兼八	3.75											7	1
33	粉名		久能木恒八	10.50				7.50							282	42
34	日雇		嶋田甚蔵	2.00											4	2
35	炭薪		中村惣兵衛	6.99	8.75				3.00						87	13
36	炭薪		中村　留吉			6.00	5.00								54	8
37	船乗		中村金次郎	5.25											11	1
38	砂利		庄司平蔵	5.50				5.00			10.00			15.00	679	101
39	駄賃馬		添畑清三郎	15.65											31	4
40	左官		間中銀次郎	3.33											6	1
41	車力		難波重太郎	3.75											7	1
42	薬湯		宮坂　ぶん	4.00	6.00										42	6
	雪隠	請負人	坂上　政七	0.50												
	〃	地主	青柳　嘉七	0.25												
	〃	〃	溝川　兼八	0.50												
	〃	請負人	小林銀之助	0.75												
	〃	請負人	中村懇兵衛	0.50												

（火災保険取調掛『15 区家屋倉庫物置之部』より小木作成）

四谷区	牛込区	小石川区	本郷区	下谷区	浅草区	本所区	深川区	合　計
				1	4	3		119
				1	1			819
								3
1	2		3		8	7	1	254
6	17	1	3	1	7	6	3	973
6	17	1	3	1	7	6	3	44
1	1	4			8	5		99
				1		3		55
					1	2		7
					2			6
					3			6
1	1	2	4	3	27	3	12	664
1	3		5	2	80	1	12	1,229
					6			13
19		32	11	41	50	95		531
2		1	1	9	1	8		59
107	644	839	247	320	147	195	74	3,436
5	33	56	8	22	4	4	2	221
2,082	2,715	1,833	3,415	3,299	5,382	2,960	2,689	51,493
514	373	229	830	623	1,332	528	579	17,949
2			5		3	1	1	23
409	1,151	1,029	1,481	1,392	2,995	3,281	1,938	22,686
193	612	691	1,139	1,288	3,893	2,471	2,350	27,707
	1		5	2	2	1	2	51
			1					43
		2					1	39
								4
								1
								2
				1				9
								2
								22
				2				54
								15
3,343	5,553	4,719	7,158	7,008	13,956	9,574	7,664	128,638

明治12年東京15区人民家屋棟数一覧

		麹町区	日本橋区	神田区	京橋区	芝　区	麻布区	赤坂区
煉瓦家屋	平家		4		105	2		
	2階		3		814			
	3階				3			
土蔵	平家	5	157	20	40	7	3	
	2階	18	381	40	464	13	13	
	3階		28	3	13			
金属葺	平家		23	13	38	5	1	
	2階	1	18	6	23	2		1
	3階	2	1	1				
硝子葺	平家	2	1	1				
	2階		1	2				
塗家	平家	5	47	35	512	10		2
	2階	1	157	48	903	10	3	3
	3階		2		4	1		
杉皮葺	平家	11	18	27	111	51	42	23
	2階		3	6	18	5	4	1
茸・藁葺	平家	3	1			138	453	268
	2階	1				20	62	4
杮葺	平家	1,751	5,793	6,027	6,296	4,551	1,578	1,122
	2階	851	4,350	3,274	1,786	1,782	401	497
	3階		4	1	1	5		
瓦葺	平家	1,559	1,292	1,817	1,327	1,910	755	350
	2階	1,123	4,998	2,826	1,982	3,238	606	297
	3階	5	12	7	4	6	3	1
西洋造	平家	7	2	11	16	4	2	
	2階	9	5	12	6	4		
	3階		1	3				
	4階		1					
	5階		2					
紙瓦葺	平家		4	2	2			
	2階				2			
石造	平家		3	1	14	4		
	2階		4		47	1		
	3階		2	1	12			
合	計	5,354	17,318	14,184	14,543	11,769	3,926	2,569

またこの資料で気付くのは、瓦葺き家屋に住まうのは升酒屋前田正七と、車屋島田伝吉、それに炭薪屋の中村留吉の三軒だけで、あとは柿葺きの家である。

この柿葺きは杉の薄板を女竹で押えたトントン葺きといわれる粗雑のもので、俗にこの柿葺きの家を〝焼家〟と称していた。それは別表「明治十二年東京十五区人民家屋棟数一覧」で見るとおり、この時期でも東京十五区全体の五四パーセントを占めていたのである。火災の際、付け木の役割りをする柿葺きだけに〝焼家〟といわれるのも無理はなく、火災都市江戸東京の汚名は明治期後半まで続くのである。

第3章日常生活・衣食住―4

上水道
――優れた土木技術に支えられて

（『SALOON』一九七六年十二月号）

日本最古の上水道は平城宮跡に

ヨーロッパからトルコ、エジプトを旅したときのことである。私は上水(飲料水)道の遺跡をローマでも、イスタンブールでも見た。いずれもローマ時代の遺跡で、よくも紀元前にあれだけ壮大な建造物がと感心した。ポンペイでも同様。個人住宅にまで神経の行き届いた水道配管の様子を見せられ、感嘆した。

日本文化史を専攻している私は、このときすぐ平城宮跡の発掘現場の井泉跡を連想した。これまで、古代史研究を飛躍させる一因をなした木簡（木の伝票）の発見の場としてのみ考えてきた井泉跡は、本来、飲料水の供給源である。だが、奈良の都の推定人口三〇万人が、いずれも井泉にたよって生活したのだろうか。日本の都市と上水道の関係は、いつごろから芽生えるのだろうか。そうした疑問にとりつかれたのは、このときからである。

水道の基礎は江戸時代に完成した

都市計画の一つに水道の問題が組み込まれたのは、平安初期に入ってからと推定され、それは近時の木樋の水道管の発見によって裏付けられている。しかし詳細にいたっては、依然謎に包まれたままである。

上水道の記録がはっきりしてくるのは、十六世紀に入ってからで、今のところ小田原の早川上水、甲斐の甲府用水といずれも灌漑用水兼用である。飲料水を主とした本格的上水道は、十六世紀末の神田上水が最初であった。徳川家康が、江戸入府に先だち、大久保忠行に命じて、創設したものと伝えられている。家康は単に幕藩体制の創立者として評価されるだけでなく、上水道を含め、江戸の町づくりに本格的に取り組んだ人として高く評価されている。この神田上水の水源は、今日からは想像もつかない井の頭池であった。途中、善福寺川をはじめ、いくつかの水流を集めて小石川の関口まで導水してくる。ここに大洗堰を設けて水を分けた。元禄のころ松尾芭蕉が水道改良工事に関係したらしいというのは恐らくこの堰のことで、今も芭蕉庵が残されている。

上水路は小日向下をとおって小石川の水戸藩邸に入る。さらに「万年樋」をとおして神田川を渡ったところから水道橋の地名が起こっている。神田川を渡った上水は木樋をとおして縦横に引かれ「概ネ神田・柳原・両国・濱町・大川端・永代橋以西及神田橋内外・鍛冶橋外ヨリ京橋以北ニ至ル」(『東京通志』)のである。この江戸水道史の一頁を飾る神田上水の名残りは、ビル建設や地下鉄工事に際して今でも時折、発掘されている。

天下の城下町として江戸の膨張発展はめざましく、やがて、神田上水だけではまかないきれなくなり、新たな上水が必要とされた。そこでつくられたのが玉川上水である。

この玉川上水開発の功労者は、杉本苑子の小説『玉川兄弟』でその名を高めた二人より、むしろ松平信綱の家臣安松金右衛門だという説もある。それはともかく、この十七世紀半ばに、わずか一年前後で完成した途方もない大工事の苦労は神田上水の比ではなかった。暗夜に点々とろうそくを灯し、その明かりの高低で土地の高低差を計量するろうそく測量法を用い、二度の失敗をのりこえて、全長四三キロ（羽村の取水口から四谷大木戸まで）を一夜にして通水させたというから驚異である。鋼材もセメントもなく、ましてやダムを築いて貯水するなどは思いもよらなかった時代である。水を無限に吸収する関東ローム層の武蔵野を縦断し、わずかにしっくいで漏水を防ぎながら四三キロの落差わずかに八〇メートルのところをよくぞ、と思う。よほどの正確な測量と、入念な土木工事技術がなければ果たせないはずである。これを思うと江戸時代の人智に改めて敬意を表せざるを得ない。

近くは箱根芦の湖深良用水の隧道工事によっても、あるいは、仙台、福山、金沢、高松、水戸、名古屋、郡山、富山、福井、近江八幡、駿府、赤穂、鳥取、長崎、鹿児島などの上水道工事にもその技術水準の高さが証明されている。しかし、なんといっても玉川上水がその長さにおいても水量の豊富なことからいっても抜群であった。ことに青山上水、三田上水、千川上水はいずれも玉川上水から分水した水道で、この玉川上水からの三水道とそれに本所上水の完成によって、江戸の町のほとんど全域にわたって水道が普及した。

需要増加に応える新たな水資源開発

近代的な水道建設の始まりは、現在、新宿副都心の高層ビルの建ち並んでいる辺りの淀橋浄水場であった。明治三一年（一八九八年）神田・日本橋地区の一部が完成し、これが東京の水道の始まりである。以後、木樋から鉄管に替わる工事も順調に進んで、二〇世紀を迎えようとするころには鉄管の水道がほぼ完了の域に達したのである。

当時、地方の人たちが東京生活に異常なほどに憧れたのは、蛇口一つから自由に飲料水まで得られる水道を、文明の象徴と考えたことにあった。地方人にとって飲料水は、あいも変わらぬ重労働の代名詞であったから素直にうなずける。

だが同じころ、地方の人がうらやんでいた「東京の水道」を幸田露伴は嘆いている。「旧水道若くは新水道の那方に属せしや明らかならざりしが、本年（一九〇〇年）夏期悪疫流行の際、無智の愚民の汚物を上水流の支渠に投入したることありて、一時府民を驚愕せしめたり」（『一国の首都』）と。

このような事件は上水に船を浮かべ、水守りの番人をおいて厳重に見張り番をさせるという徹底した上水路の管理が行なわれた江戸には絶えてなかったことである。もちろん江戸にも狂気はあったが、しかし、どんな裏店《うらたな》の住人にも、水道を汚すような、市民の連帯的公徳心を欠くことはなかったのである。それこそ江戸っ子の面汚しである。

仮りに古代ローマには遠く及ばなくても、こうして日本にもすばらしい上水道苦闘の歴史があった。先人たちの英知と実行力に学ぶべきものは多い。

貯水池による水源の確保は人口の増加とともに水不足をよび、より大規模の水源をもとめてダム建設へと発展してゆく。さらに今後は使われた水の再利用や海水の淡水化など、水源そのものの開発計画が目下の課題であろうが、先人の知恵に学ぶことも忘れてはなるまい。

寺子屋

一、東京の私立小学校

日本の近代初等教育を指導した恩人にダビット・モルレーがいる。彼が日本に向ってアメリカを発とうとするとき、当時の駐米公使森有礼は「日本の初等教育は白紙の状態ですから、どうか思う存分一からご指導願います」と挨拶した。

そのモルレーが東京に着いて驚いたのは、おびただしい数の寺子屋（当時は私立小学校と呼んでいた）の存在だった。立派に初等教育施設があるのに、何故森公使は、あのような挨拶をしたのか、いぶかった。しかし、モルレーの疑問は間もなく氷解した。それは、文部省や各府県の教育関係者が例外なく、寺子屋は封建時代の遺物で、その旧幣を一新することからすべては出発すると考えていることを知ったからである。

それにもかかわらず東京に数多くの家塾が存続したのは、学制頒布（明治八年）当時の東京府知事大久保一翁の力によるところが大であった。一翁は、旧武士階層の失業対策上の見地と、代々寺子屋を業としてきた人々を救済する意味合いから、府庁内に、二週間で修了できる臨時教員養成所をつくり、旧寺子屋の師匠に限って講習を受けさせた。そして、彼等を私立小学校の校長として寺子屋の体制を存続させる異例の措置をとったのである。

西郷隆盛からも大久保利通からも旧幕臣中最大の人物と評価された大久保一翁にしてはじめて可能な離れ業で、当時東京にあった一二〇〇余りの寺子屋は命拾いをしたのである。それは他府県には全く見られない現象であった。

寺子屋が家塾に、そして私立小学校へと脱皮したころ、東京市内の公私立小学校を視察したモルレーは、私立小学校の改善点を多く指摘している。

だがその一方、祖父も父親も、そして本人も、ともに同じ寺子屋で学んだというような伝統ある私立小学校に子供を学ばせたいと思うのは当然で、父兄がそれほど尊崇する寺子屋を無理に取り潰すような措置をとるより、自然の成り行きにまかせるべきだと主張した。

それは一翁のとった行政的措置を、教育学者が裏付ける結果となったが、このことが東京に限り、寺子屋の系譜下にある私立小学校を長く存続させたのである。例えば一八九一（明治二十四）年でも、旧東京市内の小学校総数五六五校中、七六パーセントに当る四三一校が私立小学校（『東京府統計書』）であることなどによっても、それは証明できる。

二、江戸の寺子屋

江戸の寺子屋の起こりはいつごろか、はっきりしたことはわからないが、私の調べた限りでは、一六九八（元禄十一）年開設の浅草三間町龍淵筆学舎で、一八七七（明治十）年まで続いたのが一番古い（『教育沿革史編纂書類』）。

大坂でも近松門左衛門が竹本義太夫のために書いた浄瑠璃本「菅原天神記」に〝寺子屋〟の段があることから考えて、寺子屋の存在が元禄の昔にさかのぼれる。しかし、江戸でも大坂でも寺子屋が一般化して、その教育内容がわかるようになるのは一八世紀終わりの寛政年間からである。

幕末の江戸には、その数およそ八〇〇から九〇〇程度の寺子屋が存在している。これを山手線の内側の旧江戸市内に置いてみると中には、軒並み寺子屋であるというケースもでてくるほどに過密であった。

寺子屋の規模は様々で、長屋を三軒ほどぶち抜いて、四、五〇人を収容している場合もあれば、寺子の数三〇〇人から四〇〇人を早番と遅番の二班にわけて収容するほどの大規模な場合もある。しかし、寺子の数四、五〇人から一〇〇人程度が一般的であった。

手習師匠は一人の場合が多いが、大規模な場合でも三、四人程度で、町人専業の師匠は『教育沿革史編纂書類』によれば、全体の四八パーセントで一番多い。そのうちの二〇パーセントは女性であったことも注目されよう。

次いで幕臣や江戸詰めの諸藩士が勤番の余暇に手習師匠をやっているケースで、全体の約三七パーセント、残り一五パーセントが僧侶や神官、それに武家の女性である。そのうち浪人はわずか五パーセント程度にすぎないのである。

こうしてみると無精髭を生やした浪人が、破れ畳に坐って、いたずらな寺子を教えているといった、寺子屋にいだく一般的イメージは改められなければならない。

二、多忙な日常

寺子屋の朝の始業は大抵現在の七時半頃が普通で、午後二時半ぐらいには終わる。したがって実質授業時間は六時間前後の長きにわたった。しかし、寺子の多くは午前七時頃より集まり、寺子屋師匠の寺子への対応は、明日の用意等も考慮に入れると、全く終日の仕事であった。

夏は旧暦六月一日から七月末までは半日授業、土用中は〝朝習い〟といって、現在の午前九時か十時頃に早仕舞するのが習慣だった。その朝習いのときは、提灯をもってやってくる者もあり、すぐに雙紙三、四冊の手習いを済ませて帰宅し、我が家で朝食を済ませてまた寺子屋へというケースもあった。

今日の夏休みに相当するものはなく、「大暑」のときにのみ臨時に休んだ模様である。したがって長期休暇は十二月十七日から一月十六日の冬休みだけで、毎月一日、十五日、二十五日と二月の初午と三月二・三・四日、また節句休みと称して五月四、五、六日、七月六、七日、十三、十四、十五、十六日、それに九月八日、九日、鎮守の祭礼に二、三日という状態で、今日の小学校より休みははるかに少ない。その上一般的に休日とされている日も半日の早仕舞程度で、完全休日にしない寺子屋も下町には多かった。

中には内弟子と称して寺子屋で師匠と寝起きをともにする者もいて師匠の仕事は多岐にわたった。

寺子屋に通学してくる寺子のいる間は、内弟子も寺子も全く変わらず、習字その他の学科を学習するが、その他の時間は、一般家庭の躾教育を親に替って行ない、中には漢籍の特別講義を受けたり、女子は針仕事、立花、茶の湯のいわゆるお稽古事を習う者もあった。おおむね通学の寺子より、成績も躾もよく、好んで内弟子を希望する父兄も少なくなかったといわれる。

三、教科・課外活動

寺子屋で教えられる学科は、習字が第一だが、読書、算術に修身を必須課目にしているところが多かった。だが寺子の希望によっては、作文、地理、それに女子の場合は裁縫、立花、茶の湯を教える場合もあった。

教科書は修身の場合、「六諭衍義《りくゆえん》略」、「女教訓鏡女」、「今川」等が用いられた。読書、地理の場合は「庭訓《ていきん》往來」、「千字文」のほか「都路」、「名頭苗字盡」、「國盡」、「口上文請取」、「送狀」、「江戸方角」、「手紙の文」、「商賣往來」、「消息往來」がときに用いられ「唐詩選」などが用いられた場合もある。さらに男子に「四書」、「五経」、「孝経」が、女子に「百人一首」、「女今川」、「女大學」、「女庭訓往來」などが稀に用いられた場合もあった。

このような教科内容をどのようにして教えるかといえば、毎日師匠は、寺子三、四名もしくは五、六名を面前に呼び出し、先づ筆法を教える。そのスピードは驚くべきものがあり、三、四時間で五、六〇人に筆法を教える手習師匠もいたという。あとの寺子は、自らの席で自習をするが、ときによっては内弟子などの成績優秀な者が、助教として自習をしている寺子の机間をめぐって指導をする場合もあった。したがって一斉授業は修身、読書、地理などに限られるが、それもときたまのことであった。

手習師匠の中には俗に雷師匠といわれるほど、厳しい躾をする者が多く、父兄も身体に危害を加えない限り、それを望む者が圧倒的だった。その罰は、叱責《しっせき》、机上に坐らせること、笞で尻をたたくこと、さらに〝留める〟と称して放課後も寺子屋に留めること、またときに縛りあげる場合もあったといわれる。それは他人に危害を加えたり、学業を怠けたり、他人を欺いたり、盗みを働いたりした場合と、もっとも多いのが喧嘩であった。ことに下町の寺子屋では、竹や木ぎれを持って互いに打ち合い、血を流すほどの激しい喧嘩も珍しくなかったといわれるから、その甚しい場合は即時退学というケースにもなった。

寺子屋の楽しみといえば、初午や七夕のときである。寺子は五色の色紙に習い覚えた文字を記し、七夕の場合は寺子屋に、初午の場合は近所のお稲荷さんに集まって、遊戯をしたり、踊ったり、終日遊び通すのである。

だが、何といっても寺子にとって、最大の遊びは花見であった。隅田川の岸辺や上野に出向くケースが多かったが、運動会のない時代、この花見は寺子にとって運動会と遠足を兼ねるほどの楽しみだった。稀には、鳶頭が寺子屋の名を記した旗、幟をもって先頭に立ち、寺子は揃いの手拭を首にまいてくり出す場合もあったといわれる。

四、就学状況

下町下層民の男子は、おおむね十一歳で、他人の家に奉公に出る習慣があった。したがって、六歳ぐらいから奉公に出るまでを就学期間とする例が一番多かった。

　父兄が寺子屋に入門する我が子をつれて師匠に挨拶をするとき、きまっていうのは、「わが子は権兵衛、八兵衛が読めて、請け取りの文を書くことができれば、それで十分。それよりも人として他人と円満につき合えるように、ご指導願います」というのが一般的であった。

　だが、女子の場合は少々事情が違っている。寺子屋で手習い学問をするより、琴、三味線、唄、踊りを習う場合が多く、良家の女子を除いては、稽古事にかよう場合が多かった。したがって、男子に比較して女子の就学率はやや低かった。

　しかし、女子の場合、男子と違って、寺子屋にかよう年限は長く、十五、六歳までのケースが一番多かったのである。もちろん、男子・女子ともに未就学の者も少なくなかったと思われるが、その実数は調査の方法がない現状では不明というほかはない。ただ明治教育界の重鎮杉浦重剛の報告によれば「今人ノ想像スルガ如ク、其不就学児童ノ数太甚《はなはだ》シキニハアラザリシ」(『維新前東京私立小学校教育法及維持法取調書』)という点に注目しておきたい。

　この杉浦の指摘を裏付けるのは、寺子屋の謝儀(月謝に相当)である。すなわち寺子屋の謝儀の著しい特徴は、決められた額が無くその殆んどは寺子の父兄の任意で支払われていた。その最上は年五回の五節句に金一分、上は二朱、中は一朱、下は銭二、三〇〇文ぐらいであったといわれる。かけそば十六文から二十文の時代、年間謝儀が、そば五〇杯から六〇杯分強というのでは、寺子屋の財政は苦しかった。仮りに現在かけそば四〇〇円として、その五十杯分は二万円であることから推察すれば、およその見当がつくであろう。また、ときに謝儀ゼロというケースも決して少なくなかったのである。わずかに畳料・冬の炭料、あるいは天神講の月並銭と誰れもが納入しなければならない維持費のほか、盆・暮のつけ届けで一切を済ましてしまう場合がそれで、今日からは考えられない社会慣習であった。

おわりに

これまで江戸の寺子屋の実態を概観してきたが、先にも述べたように、寺子屋にいだく一般的イメージとは著しく相違するものがある。例えば、江戸の寺子屋は近代学制頒布で断絶し、継続していないとする見方などがそれである。

しかし、それは事実と異なる偏見で、全国的傾向とは全く異なる現象が江戸から東京への移行過程に存在したのである。

杉浦重剛は、明治日本の初等教育がこれほど普及した現実は、徳川時代の教育の歴史を抜きにしては語ることができないと断言しているのである。これは、世の風潮に流されず、確かに歴史を見据えた識者の卓見である。だがそれが、むしろ例外とされたのが明治の時代風潮であって、そこに歴史の再評価の必要性が強く望まれるのである。

第4章 遊び・芝居

第4章遊び・芝居―1

芝居町と観客

――都市文化の底流をさぐる

（『江戸東京学への招待』一九九五年）

はじめに

徳川家康が江戸に入ったのは天正一八年（一五九〇）のことでした。小田原後北条氏の出城は廃屋同然、日比谷の入江には点々と漁村があり、太田道灌時代以来の町屋が常盤橋から本町通りにかけ、わずかに残る程度と推測されていました。

それが慶長八年（一六〇三）、家康が征夷大将軍に任ぜられ、全国の諸大名に号令するようになって一変し、諸大名を動員した天下普譜が行われて、一挙に天下の総城下町としての都市開発が始まりました。その以前からの神田上水の整備に加えて、江戸城および旗本・御家人、あるいは諸大名の邸宅・町屋のゾーニングが行われ、急ピッチで海の手の埋立て、山の手の開発が進められました。

そして天正から約三、四〇年を経た三代将軍家光の治政下、寛永年間（一六二四〜四七）にはおよその人口三〇万と推定される都市に発展しました。その時代に娯楽施設としての芝居小屋の建設が始まります。

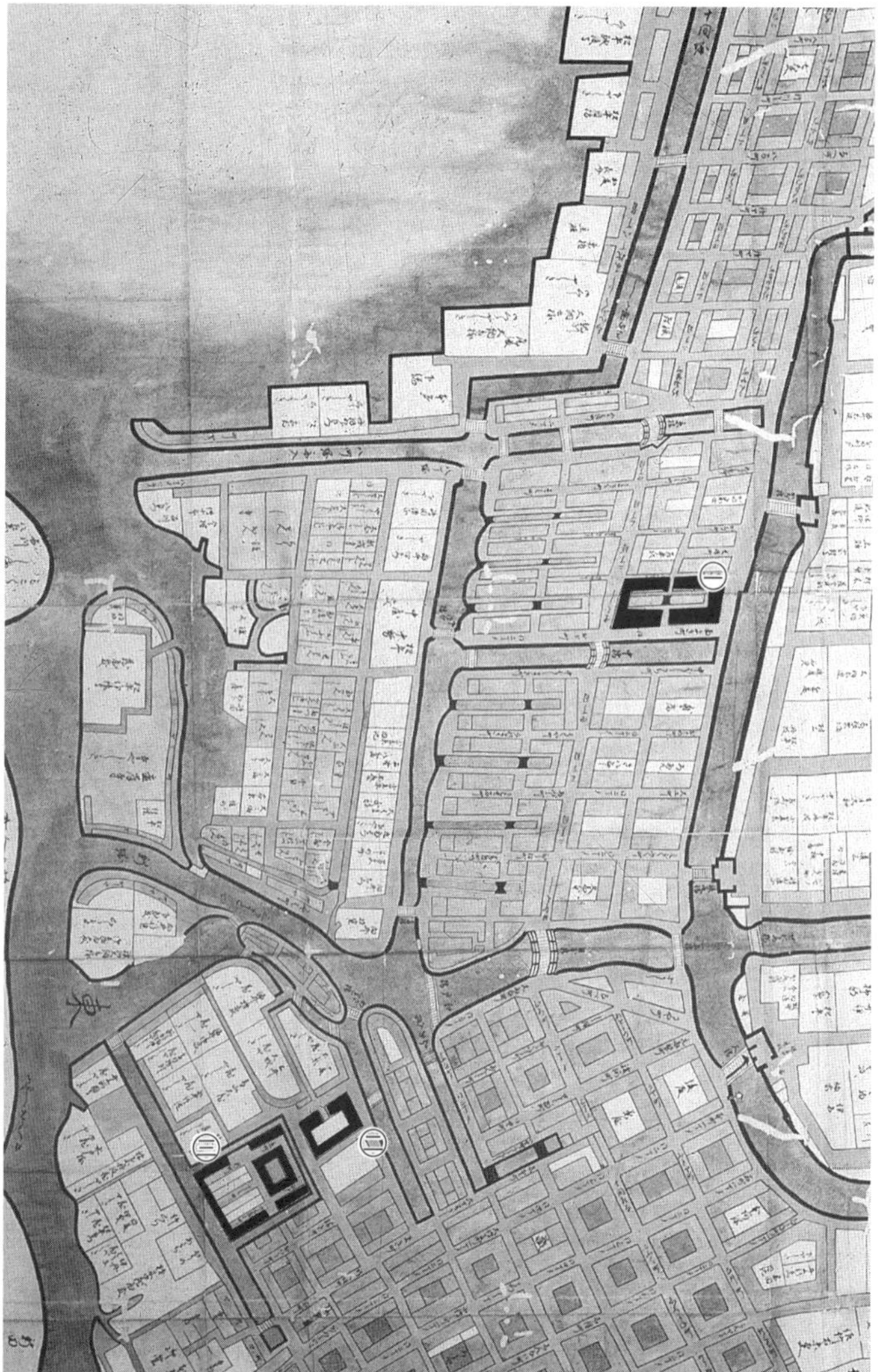

武州豊嶋郡江戸庄図（部分、東京都立中央図書館東京誌料文庫所蔵）
㊀が中橋、㊁堺町・葺屋町、㊂葭原

そうした江戸歌舞伎の原点から明治に至る歌舞伎発展の経緯を芝居町と観客との関連に主軸をおいて、都市文化の底流をさぐろうとするのが今回の試みです。

江戸歌舞伎の原点

江戸の都市において芝居町はどのように移り変わっていったのでしょうか。最初にできた芝居町の位置関係を見ていきたいと思います。前頁の寛永九年（一六三二）の「武州豊嶋郡江戸庄図」を見ると、㊀の個所が中橋で、㊁が堺町・葺屋町、㊂が葭原《よしわら》です。後に葭原から新吉原のほうに移転します。江戸の芝居町はもともと中橋にあったのが、やがて堺町・葺屋町に移り、二丁町と呼ばれます。その間に禰宜《ねぎ》町へ一度移るのですが、また元の葭原の近くに移ってしまいます。そして間もなく、木挽町に山村座ができたのが正保元年（一六四四）で、森田座は万治三年（一六六〇）にできます。そこで（註、村山座、猿若座と合わせ）江戸四座が出そろいます。

中橋に最初に勘三郎座ができたのは寛永元年（一六二四）ということになっています。寛永元年といわれるのは、享保のころに作られました「由緒書」によっています。当時の具体的な状況は不明ですが、近年までは、この勘三郎座が江戸歌舞伎の原点であると考えられてきました。

ところが、故・守屋毅教授（国立民族学博物館）が、勘三郎座が原点というのは少し言いすぎである、ということを発表されました。ただ、残念なことに、この論証が未完のうちに亡くなられたので、それを引き継ぐ形で私も検証しました。その結果、守屋さんの説は、極めて正当であるということが実感できました。守屋説の裏付けとなる私なりの史料を示してみましょう。

『大猷院殿御実紀』、つまり三代将軍家光の事蹟を書いた『徳川実紀』巻八十には、家光が寛永年間に千駄木の辺りまで猪を追い出しにいったことや、慶安四年(一六五一)の六日の日に病気になったことなどが記されています。そして、八日の日には元気になって、龍口(現在の大手町)から船に乗って浅草辺りに狩りにいったとあります。

そして、二月の一三日の条には、「城にては勘三郎座俳優をめして。躍御覧ぜらる」とあるのです。その次が問題で、「此日、西城(西の丸)に彦作座の俳優を召て躍御覧あり」と記されています。さらに次の史料では「廿七日二丸に歌舞妓勘三郎。彦作両座の俳優を召て」とあり、勘三郎座と彦作座の二つが並んで存在していたことがわかります。城中に呼ばれて芝居を演ずるわけですから、当時としては第一級の劇団でなければならないわけです。その次に三月廿二日に「二丸にて歌舞妓二座御覧あり」とあり、四月十八日は「勘三郎座の俳優狂言御覧あり」という記事があります。このような記録から考えますと、彦作座を無視して江戸歌舞伎の根源を考えるのは、少し問題があると思われます。

大道寺友山が書いた『落穂集』という史料にもこの彦作の名が出てきます。『落穂集』は享保一三年(一七二八)のものですから、『徳川実紀』の後の史料なのですが、江戸初期の実情を詳細に伝えている書物です。いかにして葭原の辺りを切り拓いていくかというような記述の後に、「昼の間は諸人参り候得共其道筋左右共に葭原の中にてぶつそうに有之候に付暮るれば女歌舞妓を御免被遊下候……」、つまり、葭原には昼間は人が来るが、夜は物騒で人が集まらない。だから、是非芝居を掛けてくれというのです。そして、女歌舞伎が始まりました。そうしたら今度はにぎやかになってきて、人があふれ出すようになった。そのため、一度芝居を止めてくれということになる。「其後に猿松彦作と申者狂言師願上ればﾞ、京大坂にも古来より有之事に候得ば芝居を御免被仰付……」とあります。さらに「願ひの通と也只今の堺町……」と続きます。つまり葭原と接近している堺町に猿松彦作の座ができた、ということが書いてあります。また、「彦作は余程の年寄にて狂言いたし其弟子に猿若勘三郎とて有り」、つまり、猿若勘三郎、すなわ中村勘三郎は、彦作の弟子だと書いてあるのです。

次に、これも同じころの作品の『昔々物語』には、「彦作、げんさい（幻妻）抔といふ頭取出来、十四五六七八迄の器量うつくしき子供を作りたて、かぶき踊りをさせ、夥しくはやり」と書いてあります。これらの史料を見ますと、初期には、勘三郎座だけでなくて、彦作座も成立しており、二座が並立していたと考えるほうが妥当性があるのではないだろうかと思われるのです。

初期には、歌舞伎芝居の根源は二座であった。しかし、彦作座はその後、どうなったのか。中村勘三郎座に吸収されたのか、あるいは葺屋町で市村座と相座をしたというようなことも言われているので、あるいはそちらに吸収をされたのか。いずれにしても、歌舞伎の根源として二座存在したということは前述した『徳川実紀』などの史料によって裏付けすることができます。守屋さんが推論されたことは、このような史料から断定されていいのではないでしょうか。

江戸の芝居町は、中橋という水辺に最初にできました。ここはしばしば火事がおきたために、江戸城に近いからという理由で禰宜町に移ります。移るのは寛永九年で、前述した「武州豊嶋郡江戸庄図」の地図ができあがった年にはもう中村座（猿若座）は移っています。それがさらに二丁町の堺町に移るのが慶安四年ですが、その間の寛永一一年(一六三四)には、堺町のすぐ隣の葺屋町に、市村座の前身の村山座ができあがっています。ですから、堺町、葺屋町のことを二丁町と呼んでいます。その二丁町に加えて木挽町には、先ほど述べたように、少し後れて山村座、森田座ができます。

そのほかにも、寛文のころにはたくさんの宮芝居(宮地芝居)ができました。最初は晴天百日間の許可を受けて、手踊りだけという小芝居が寛文元年(一六六一)にでき、その後盛んになりました。宮地三座というのは、市谷の八幡、芝の神明、湯島天神の境内にあった芝居のことです。

さらに神田明神、浅草寺、氷川明神、谷中総持院、茅場町薬師、本所回向院、平川天満宮、霊岸島の円覚寺、牛込の赤城明神、湯島の円満寺、青山の鳳閣寺、市谷の安養寺、牛天神、芝金杉という具合に宮芝居ができて、江戸の町はいたるところ芝居小屋ということになったのです。

何故、これほどまでに芝居が栄えてきたのでしょうか。家康が江戸に入ってから寛永期までの三十数年は、江戸の町の建設が大いに進捗した時代でした。新しい都市ができていく場合に必要な施設として、一つには葭原のような遊郭ができます。これは都市の建設工事をする人たちがほとんど男ですから必要悪から生まれてくる。それと同時に、もう一つは、洋の東西を問わず、都市には、必ず娯楽設備として演劇というものが行われている。したがって、芝居町が江戸の都市計画の初期段階にできるのもうなずけます。その様子をビジュアルにあらわしたのが、「江戸名所図屛風」です。

「江戸名所図屛風」のなかの芝居町

江戸の街の情景を描いた絵画史料に、「江戸図屛風」があります。国立歴史民俗博物館所蔵の「江戸図屛風」、出光美術館所蔵の「江戸名所図屛風」がよく知られていますが、次頁の図の下、水辺に軒を連ねているのが出光本の芝居茶屋の部分です。

にぎやかに人が行き交っている橋のかかった道が、今の銀座通りに相当する通りと思われます。この屛風に描かれているのは、都市江戸の成立期、寛永六年から七年（一六二九〜三〇）ごろとされています。

この屛風図には、三味線音楽が盛んになってきたことを示すような図もあれば、江戸の初期の湯屋の図もあります。湯屋では、男性はみな下帯をして風呂に入っています。出てきたところを湯女たちが世話をしています。後に、湯女たちは遊女ともなったために禁止されたのですが、この当時の風俗がいきいきと描かれています。

芝居町には楊弓場もあり、軽業をやっているものもあり、何軒かの茶屋もあります。芝居町は、ただ芝居だけをやっているのではなく、エンターテイメントの中心として、さまざまな娯楽にあふれていたと思われます。

芝居の座を見てみますと、若衆まげを結った人が舞台にいます。演目は女歌舞伎のものなので、従来、歌舞伎史の研究者は、女歌舞伎だと捉えていましたが、国立歴史民俗博物館の丸山伸彦さんによれば、この若衆まげの演者から、これは若衆歌舞伎だと解釈しています。

芝居茶屋の情景「江戸名所図屛風」より（出光美術館所蔵）

芝居小屋は二座あります。江戸歌舞伎の原点となった芝居の座が二つだったという守屋説に従えば、この「江戸名所図屛風」にも描かれている二座が、あるいは彦作座、中村座であるという仮説も成り立つかもしれません。それには、中村座は日本橋と京橋の中間に位置する中橋広小路にできたとありますが、彦作座は先にも述べたように堺町ですから、人形芝居小屋を挟んで芝居小屋が二座あるこの図では辻褄が合いません。ですから、この「江戸名所図屛風」は木挽町と推定されますが、そうであれば、「江戸名所図屛風」の成立年代は森田座創設の万治三年（一六六〇）以降、先にできた山村座（一六四四）との二座の図ということになり、この屛風図は、寛文年間（一六六一～七二）ごろに寛永時代を偲んでできたということになります。これは軽々に論じられない大問題です。

芝居茶屋と帳元

『新版細見歌舞伎三丁傳』（安永五年〈一七七六〉・国会図書館蔵）は誠に小さな本で、芝居見物のときに手元にこれを買って、芝居町の様子や、太夫三五名以下、料金が向桟敷はどうなっているかといったことなど、また芝居町の近所にはどんな名物があるかということを見るためのものです。現在これを見ると、芝居町というのは、一つの盛り場をなしていたということが明確になります。

平賀源内が書いた「男色細見三の朝」（明和五年〈一七六八〉）を見ると、芝居町の隣、今の人形町の辺りには、子供屋が非常に多い。これは男色の里ですが、そういうものと芝居町が一体化していたということも興味深いところです。

芝居の小屋では、最初は一幕限り、一回一回料金を取る「追出し」という方法を取っていたのですが、寛文のころから市村座で「一日芝居」が始まります。そうすると、一日芝居を見るのには、休憩するための場所が、単純な水茶屋程度では十分でないので、芝居茶屋の機能がだんだん膨らんでいきます。

芝居茶屋の機能と役割を、簡単に述べることは難しいのですが、まず、芝居茶屋の利用を具体的に描いている史料として、郡山藩の大名、柳沢信鴻《のぶとき》が隠居後の生活を書いている『宴遊日記』を取り上げてみます。

信鴻は、七ツ時（午前四時）ごろから邸（小石川六義園《りくぎ》）を出て、明け六ツ（午前六時）に芝居小屋に着くということもありました。外がまだ暗いなかで芝居茶屋をたたき起こすと書いています。ところが、あらかじめ座席を取ってあるはずなのに、自分の席に落ち着くのが、それからだいぶかかって、午前一一時ごろだということもあったようです。

『芝居乗合話』によりますと、いまの劇場の総支配人のことを「帳元」といいますが、帳元が「漸〻に夜の九ツ時頃にハ、先暫し休息と云ふ中に、はや茶屋〴〵より、あしたの桟敷割りにかゝるなり」とあるように、桟敷割りはその日の午前零時ごろから始めるのです。つまり、茶屋から、自分の客に良い席をという願い出が来る。それを、どこに入るかわからないが、ともかく受けてしまうのです。

桟敷というものは、上段・下段あわせて六〇間（桝）余りあるのですが、その中ではよい場所は二五、六間しかない。ですから、人気のある芝居のときには、同じ席に何組もの申込みが集中するということになるのです。

それを帳元は、「依怙ひゐきに決してせぬ事を第一とする」とはいっても、もともと無理な話ですから、割り当てをいい加減にやっておく。ちょうど席割りが終わったかなと思うころに、また金主から頼みが来る。金主ですから、どうしても良い席を割り当てなければいけない。それで組み替えをして、終わったかと思うと、今度は役者から注文が来る。

結局のところ、三座の帳元は、勝手に収まるまで自然に放置し、「朝の内、帳元かけ（影）を隠す也」とあります。そして、昼一二時ごろになってからやっと小屋に戻ってくる。その間、中で割り振りをする人たちが茶屋とお客と喧嘩しながら席を決めてゆくとあります。

見物人のほうも、自分の席は良い所を取ったはずなのに、混乱して結局は座れなかったという場合もある。しかし、芝居が始まり、「幕あき拍子木につれて聞こゆる鳴りものに、見物人は心も空、先桟敷の悪敷も打捨て、夫なりに成事ハ……」と、いたたまれなくなって、悪い席でも、あるいは立見でもいいから見にくるという状況になります。それでも、仕様がないといってあきらめていると、自分の言った所に近い席が取れる場合もあり、やっぱり駄目だという場合もあるのです。

切落としという一般席の中でもいちばん悪いところでは、木の札をもらうのですが、それをごまかして中に入っている者もある。ときどき改めがあって、札を上げろ、というと高く差し出すのですが持っていない者はすごすごと出ていく。そういう人までも入り込めるようになっていたということですから、実にルーズな状態です。

こういういい加減な座席決めのやり方をしているというのは、いかにも不合理ですが、これが明治になってから芝居小屋が改められる根本の問題でした。しかし、こうした混乱にむしろ情緒を感じているような人たちが江戸には大勢いたわけです。

隠居大名の芝居見物記

『宴遊日記』の筆者柳沢信鴻は、柳沢吉保の孫にあたります。江戸時代に芝居好きの大名として知られているのが、松平出羽守と溝口出雲守の二人と、それから信鴻の三人でした。

松平、および溝口は、二人とも自分の家に芝居の役者を呼んで興行をしているのですが、信鴻は自分のうちで使っている侍女に衣装を着せて、男の役のときには男装をさせて芝居をさせるという、いまの宝塚の元祖のようなことをやっていた人です。

柳沢信鴻は五〇歳になる三年ぐらい前から隠居届を幕府に出して、安永二年(一七七三)、五〇歳でやっと隠居が許されるのですが、その後は安永二年に三回、三年に一八回という具合に、安永年間から天明五年(一七八五)までの間に一一九回も観劇をしています。その観劇記録を『宴遊日記』に細かく書いているのです。具体的な記述によって、茶屋や芝居小屋がどのような状況であったかというのがわかります。

たとえば「安永二年の十一月十三日森田座顔要」を見てみましょう。「顔要」とは、一生懸命見物するという意味です。「夜より西風北に成。樹を鳴し、夜中次第にはげし」。それから、七ツに起きて、七ツ半には、現在の駒込六義《りくぎ》園の自分の邸宅から木挽町の森(守とも書く)田座で観劇のときは猿屋という茶屋に行くことに決まっていました。着いたのがいまの午前六時ごろということですから、一時間半ほどかけて、現在の文京区から中央区の木挽町まで行く。木挽町の森田座は、現在の歌舞伎座よりもう少し新橋寄りの所に当たります。着いたころに「やう〳〵窓よりしらむ」というほど早朝のことです。

芝居茶屋との付合い

彼はたまには午前一〇時ごろに出かけることがありますが、たいがい朝は早く出ていきます。夜帰ってくるのが、早いときで一〇時半から一一時、遅いときは一二時から一二時半ということですから、ほとんど一日中、芝居見物で時間を費すということになります。そうしますと、どうしても茶屋が重要な意義をもってくるのです。

そのため、茶屋との付合いをよくしておかないと具合が悪いわけです。茶屋にいろいろなものを贈ったり、向こうからもらうことも多くなります。安永五年の十二月二十三日に、「松やより鰤《ぶり》貰ふ」と書いてあります。また安永六年の一月三日には、「永楽や来、羊羹貰ふ」という具合に、たくさんの贈答の記録が記してあります。

安永七年四月六日には、「八過ぎ松屋市衛門来……達吉伯父日本橋白木手代六兵衛同道園中見せる」と書いてあります。松屋というのは芝居茶屋ですが、その人の姻戚関係に当たるのでしょうか、日本橋白木屋の手代六兵衛が芝居茶屋松屋の主人と一緒に信鴻の屋敷に来て、屋敷の庭園を見せたという記述です。これは大名と町人との格差というものが全く感じられない記述です。

また、七年の五月十五日には、「猿屋母長屋へ来る」とありますが、これは屋敷の長屋に来て、茶屋の人たちが泊まったときのことです。ときには、庭に土筆《つくし》が出るというと、自分でそれを採って芝居茶屋のおかみさんにあげるということもやっているのです。

信濃には贔屓の役者がいました。入れ揚げているという感じがするのですが、特に初代中村仲蔵をずいぶん贔屓にしています。そういう人たちを描いた錦絵をもらうと、本人はたいへん喜んでいます。役者との付合いも芝居茶屋を通じてやっているのです。天明元年（一七八一）の四月九日と五月一日には、「痔の付薬甫周より取寄、秀鶴へ遣ハす」（秀鶴は仲蔵の俳号）、「秀鶴より請来、痔薬遣ハす」とあります。桂川甫周という大奥出入りの蘭方医からいい薬をもらい秀鶴に遣わすというように、緊密な付合いをしているわけです。信濃の贔屓にしていた役者は多く、秀鶴のほかにも三代目の尾上菊之丞だとか、あるいは五代目の市川団十郎などがいましたが、そういう役者たちとの付合いの様子も『宴遊日記』の中に記されています。

朝早くから芝居見物に行ったときには、朝飾を茶屋で食べます。普通は、夕飾と夜飾で済むのですが、いちばん多いときには、朝飾を食べ、昼飾を食べ、夕飾を食べ、夜飾を食べる。つまり、四回食事をして帰るという記録もあります。さらに、どんなものを食べたかということもはっきりとわかっています。細かく調べれば当時の食生活もわかります。また、芝居の大茶屋というのは料理茶屋を兼ねていますから、当時の料理屋の状況も復元することができるのではないでしょうか。

芝居茶屋に上がれば、食べる物も同じ、大名であろうと町人であろうと、みんな同等であると考えられるのです。決してカネにものをいわせたり、武家が大事にされるわけではありません。芝居茶屋は粋な人達を大事にしてくれるという風潮がありました。

芝居町・桟敷の規制〜江嶋・生島事件

芝居のはやり廃りということを考えると、元禄期に初代団十郎が出て、江戸歌舞伎の高揚期に入ります。花開くのが宝暦以降で、ちょうど信鴻のころがいちばん盛んになってきます。しかし、その前に木挽町の山村座が、江嶋・生島事件で断絶になります。正徳四年（一七一四）の事件ですが、これ以降芝居茶屋などの締めつけが厳しくなります。

江嶋・生島の事件はあまりに有名ですが、当時の史料『江嶋実記』は次のように記録しています。

増上寺に代参した奥女中たちを、お坊さんたちが接待をしようとして方丈で待っていると、乗物もろともいなくなってしまった。木挽町に行ったというので、人を見に遣ると、「果シテ山村カ坐ニ居ラレケル由」でありました。「江嶋ハ、山村カ桟敷へ上リ役者ヲ呼ヨセ酒宴最中ノ処」であり、寛永寺に代参していた宮路たちと合流し、一二名の女中たちは「役者マシリニ終日大酒ニ及ヒ」という振舞いだったということです。代参とは名目だけで、芝居町にすぐ飛んでいくというような風習があったようです。江戸城大奥では、男性は将軍だけしかおりません。そのために、どうしても芝居茶屋へ俳優を買いにいくというような風潮もあったのでしょうが、それが激しくなりました。七代将軍・家継の生母月光院に仕えていた江嶋の遊興が発覚し、厳罰に処せられたというこの事件の顚末の背景には、大奥粛正を意図した幕閣にねらわれた、ということが言えようかと思うのです。

この江嶋・生島事件の後には、さまざまな規制が行われました。正徳四年の御触書では、「一、狂言芝居の桟敷、近年二階三階に仕候、以前之通り一階之外は無用之事、……一、桟敷、すたれ懸候無用ニ仕、幕屏風等何によらす囲候儀相止之、見通し候様ニ可仕事」などのようにさまざまな制限がつけられました。

芝居小屋の屋根も軽くしろということになり、台風のために屋根が吹き飛ばされるというようなことも起こるのです。

しかし、それでも、いい芝居をやれば必ず人が入る。それから信鴻は、こんな観客についても記述しています。なかなかの大尽ぶった人が入ってくるが、台詞について何も知らないとか、題名もわかっていないとか、通訳のような者を付けてないと芝居を見ていられないと言っています。現代でもガイドの音声を聞きながら観劇できるという装置がありますが、その当時から芝居好きに解説をさせながら観劇するということがあったようです。

しかし、芝居通というのは、舞台が見えなくても見ているのです。『絵本《えほん》戯場《しばい》年中《ねんちゅう》鑑《かがみ》』(享和三年〈一八〇三〉刊)などに描かれている芝居小屋の情景を見ますと、舞台の上に役者が並び、顔見世の披露をしています。その後方は、中二階建になっており、観客の頭がたくさん描いてあります。下段を羅漢台《らかんだい》といい、上段を吉野といいますが、どちらも舞台に居並ぶ役者を正面から見ることはできません。楽屋からの出入りの際、自分の前を通るときにだけ見ることができるわけです。そのほかに、正面の奥の追込み部分があります。そこは花道の出場だけは見えますが、本舞台はよく見えません。そのような座席も観客で満員になるというのは、同じ芝居を何回も見る人がたくさんいるからなのです。

次頁の図は、明和から安永のころの中村座の復元図です。さまざまな史料から再構成したもので、

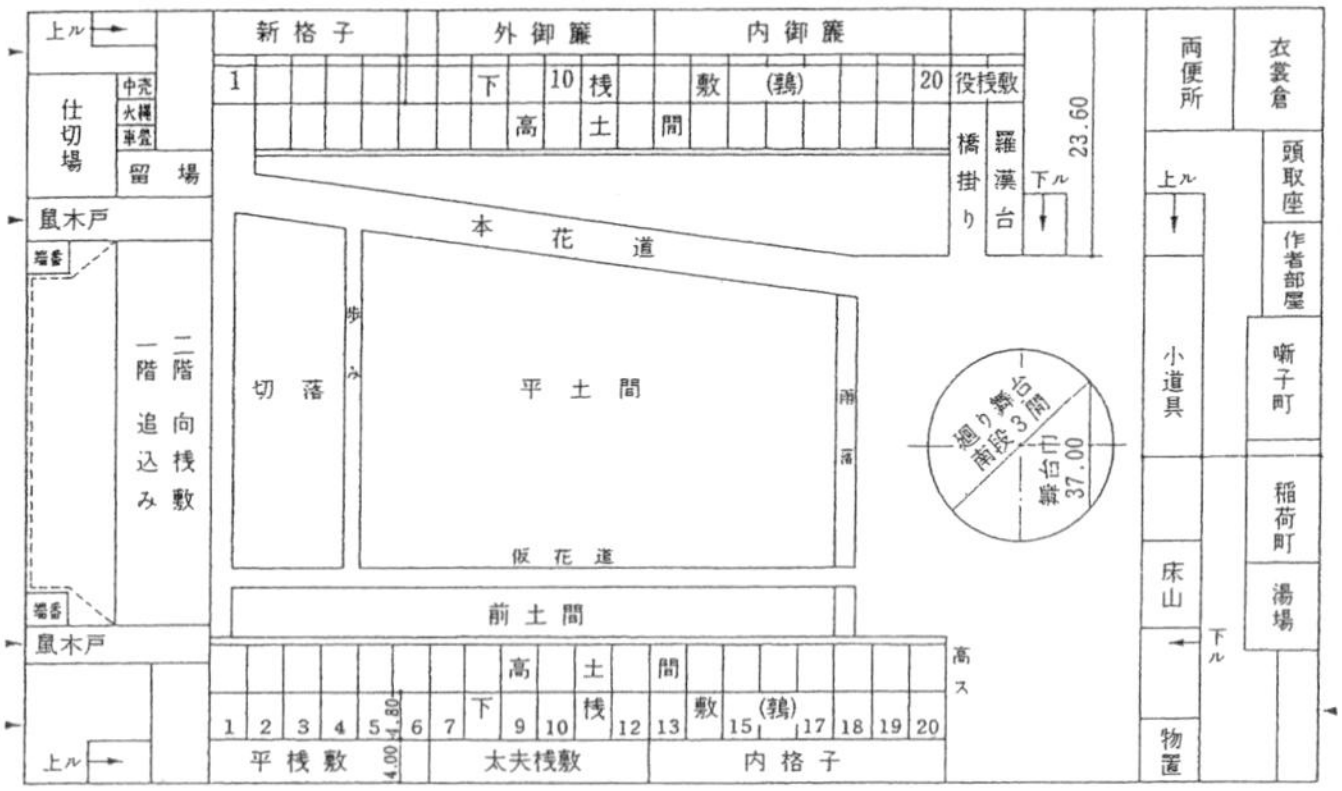

中村座想定図（18世紀）

葛飾北斎画「東都二丁町芝居」（東京都江戸東京博物館所蔵）

まだこれが確定的だとは言えないのですが、間口一一間、奥行二一間半の中村座の見取り図です。下桟敷には人があふれないように桟がしてあります。下桟敷は鶉《うずら》とも称しますが、桟に人間の首だけが出ているると、鶉がとまっているように見えるためにつけられた名称です。鶉は、1から20まであります。二階が桟敷で、その上が鶉です。二階の桟敷は、内御簾《うちみす》、外御簾、新格子に分かれています。引幕は、雨落の位置からいくぶん舞台に寄った所、つまり桝の19という所から垂れ下がります。内御簾の中、鶉のうち、役人がときどき来てはただで見ていく席を役桟敷といいます。そして羅漢台は、幕が閉まっていても舞台の様子が裏側から見えるようになっています。芝居の小屋のつくりは、実に大まかなものでした。

それから、芝居小屋の表の呼込み風景を描いた「東都二丁町芝居」の図は、芝居小屋繁昌の様子をよくうかがわせています。これは葛飾北斎の描いたものでめずらしい作品です。

川柳と芝居

芝居小屋の繁昌の様子をよく伝えるものに、「川柳評万句合」があります。九月に世界定めが終わると、一一月から興行が始まります。芝居の新年は、一一月の顔見世に始まって、一〇月に終わるということになるわけです。夏の興行は、小屋に冷房装置があるわけではないので、大名代《おおなだい》の役者は休みを取るというのが普通でした。寒い時節には、こたつを出しました。

明和二年（一七六五）から天保一一年（一八四〇）にかけて編まれた川柳狂歌集である『柳多留』の元になったのが「川柳評万句合」です。その中からいくつか選んでみました。

これは前句付という形式です。

むごひ事かなむごひ事かな、顔見世にみかんの的になる役者

きハめ社《こそ》すれきハめ社すれ、顔見世の御供かもめて乳母斗《ばか》り

これは、誰が顔見世につれていってもらえるか。子供の乳母がいちばん優先されるというのが習わしのようで、乳母がたくさん出てきます。また、顔見世には大勢行きたい人がいてくじを引いた。そうすると、

顔見世の御供はどれもくじつよし

という川柳になります。

顔見世の趣向皆聞くぬいはく屋

当時の役者は衣装に大変凝っていたのですが、縫箔屋は、役者が顔見世にどんな衣装を着るのか全部知っているので、そこへ聞きにいく人がいるというものです。「近付キにけり近付キにけり」が前句となっています。

それから、明和元年（一七六四）一〇月五日のものでは、

うらみ社すれうらみ社すれ、客と行桟敷ハ遣り手まくくめん

というものがあります。これは吉原の遊女の、お伴というと体裁はいいのですが、遣り手婆の監視が付いてきます。これをいかにして撒くかというのが、客と遊女の気合だというようなことをいっています。

明和五年（一七六八）の一一月一五日の句では、

しのび社すれしのび社すれ、桟敷から女中なんだか茶やへかけ

この句は、茶屋へ行って用を足してくるということをいっているのです。

ほんの事なりほんの事なり、下タ桟敷役者がみんな切れて見へ

という下桟敷の客をよんだ句があります。前述の鶉という場所から舞台を見た様子をよく表しています。

折り折りハ巾着を喰う鼠木戸

という句があります。低い木戸をくぐって小屋に入っていきましたので、出入口に鼠木戸という名前があるのですが、そこにはよく巾着切り、つまりスリが出ました。

羅漢台のような場合には、

山のごとくに山のごとくに、見物と役者とならぶ大あたり

というような場合もあるわけです。

宝暦一一年（一七六一）一一月五日の

こぼれたりけりこぼれたりけり、顔見世に役者ハ毒を喰いたがり

とは、役者が大奥の女中と茶屋にしけこむという、江嶋事件を思いおこさせるようなことをいっているのです。

霜月の朔日《ついたち》丸を茶やで飲み

朔日丸というのは、避妊薬のことで、一一月の顔見世のときには自宅で飲む暇がなく、茶屋で飲んだという句です。

ばち皮を芝居の留守にひっぺがし

というのは、長唄や清元の師匠の所の下女が芝居に連れていってもらえないので、ご主人の三味線の皮をはがしてしまったということを詠んでいます。

いかにも女心を表しているのは、

ぬい紋の事で桟敷を二日のべ

という句があります。ぬい紋ができあがらないというので芝居見物の日を延ばしているというのです。芝居を見るというのは役者を見るだけではなくて、じつは、自分たちの装いも見せるということがありました。

代参へ愚僧も芝居好キという

これは、増上寺とか寛永寺などの坊さんのことでしょうか、寺の坊さんが芝居見物の役得を、大奥の女中にねだっているようです。

「川柳評万句合」にはそのほかにもたくさんの芝居見物にちなむ句がありますが、このような史料を通じて、観客の側から芝居を見ていくということは歌舞伎の研究にとって大切なことです。

猿若町の芝居見物

次に幕末・明治の猿若町の芝居見物について考えてみましょう。

「五代目尾上菊五郎を粋でいなせで、半纏着などをさせたら、それこそ江戸一、日本一」と評したのは桂川みねです。結婚して今泉みねになりますが、この人の書かれた有名な随筆『名ごりの夢』

（平凡社一九六三）の中でいっている言葉です。

彼女は、将軍のプライベートな生活を垣間見ることができた蘭方奥医師、桂川甫周を父に、母久邇との間に安政二年（一八五五）に生まれました。しかし、母が早逝してしまったために、父甫周の愛情を一身に受けて育ちました。そうしたこともあって、小さいときから芝居をよく見ているのです。

きれいな絵巻物でも繰りひろげるような気持で、あのころのお芝居のことが思い出されます。お芝居といえばずいぶんたのしみなもので、その前夜などほとんど眠られませんでした。一度は床にはいってみますけれど、いつの間にかそうっと起き出して化粧部屋にゆきます。百目蠟燭の灯もゆらゆらと、七へんも十ぺんもふいてはまたつけ、ふいてはまたつけ大へんです。やがて七つどき（筆者注・午前四時頃）にもなりましょうか。みんなを起こしてそれからが公然のお支度になります。それ着物それ帯といったように、皆の者はあちらに行きこちらに行き、立ったりすわったりにぎやかなこと、にぎやかなこと。

深窓に育った娘が、公然と自己解放のできる場は、芝居見物をおいてなかった時代ですから、眠られぬ夜をすごす興奮ぶりも無理からぬことでした。

みねさんはやがて築地から浅草までの小さな船旅を楽しんで浅草猿若町の芝居町へ行きます。そこではもちろん馴染の大茶屋に行きますが、その情景を次のようにいっています。

通りの両側に暖簾をかけたお茶屋がずっと並んでおりますが、ぶらさがった提灯の灯のきれいさ。……茶屋にはまた粋な男や女が、夏なら着物も素肌《すはだ》に着て、サアッと洗い上げたといったような感じのする人達が居並んで、いんぎんに一同を迎えて奥座敷か二階かに案内いたします。

ここでしばらく休みますが、もうすっかり芝や気分に浸っていますと、カチーンカチーンと柝《き》の音、そら柝がはいった、皆の胸はとどろきます。一瞬は思わず居ずまいを正しますが、急にまたガヤガヤ屋鳴り震動がはじまって、「時がまいりましたから」と迎えが来てつれて行かれます。実にその辺の気配がいいのです。客は幾組か知れませんのに一向混雑もなく、きれいに静かにゆくところのたくみさ。茶屋の焼印のあるはき物も、身を屈めてはかせるほどにして気をつけてくれるそのあつかい振り、何から何までほんとに気持ようございます。

裁付《たつつけ》袴の若い衆が、小気味良い動作で、茶屋の焼印のある赤い鼻緒の福草履を揃えてくれる。そこでみねさんのいう「芝や気分」が盛り上がります。それは川柳子がいう「芝居茶屋安くは踏めぬ福草履」でしたが、みねさんはそのことには一切ふれず、女らしく衣替えに話を移しています。

それから幕合いごとに客は茶屋へ引きあげますが、そのときいろいろに身なりをきかえます。これがまたそのころの婦人にとってはとてもたのしみだったようです。通常な身なりから粋な芸者風になったり、御殿女中のようになったり、人のきづかないうちにすっかり別人のように早変りしてすましたものです。このごろと違ってずいぶんゆったりしたことだと思います。

近ごろ結婚式場が流行させたお色直しが、当時は芝居見物で誰れもができました。芝居小屋は当時の女性が変身願望を満たす恰好の場であったわけです。それだけに芝居小屋でも人の目につく高土間が競争激甚だったといわれています。

隅田川をさかのぼって行くのは桂川みねさんですが、神田川を下り隅田川に出る情緒を楽しんだ

のは夏目漱石の姉さん達でした。牛込喜久井町の家から揚場（現在の飯田橋）まで歩きます。そこから

かねて其所の船宿にあつらへて置いた屋根船に乗るのである。私は彼等が如何に予期に充ちた心をもつて、のろ〳〵砲兵工廠の前から御茶の水を通り越して柳橋迄漕がれつゝ行つただらうと想像する。しかも彼等の道中は決して其所で終りを告げる訳に行かないのだから、時間に制限を置かなかつた其昔が猶更回顧の種になる。大川へ出た船は、流を遡つて吾妻橋を通り抜けて今戸の有明樓の傍に着けたものだといふ。（『硝子戸の中』）

このように、猿若町時代（天保一三年以後〜明治初期まで）の芝居見物に欠くことのできないのが小さな船旅でした。それは築地や揚場からだけではありません。汐留からも日比谷からも、銀座からも船は出ました。そして日本橋小網町からも柳橋からも、網の目のような掘割り伝いに行き、水の都江戸東京を楽しみました。それこそ漱石のいう「時間に制限を置かない其昔」の心憎いばかりの情緒でした。

猿若町に中村座・市村座が二丁町から、木挽町から森田座の江戸三座が移されたのは、天保改革の際の強制移転によるものでした。

このときに、中村勘三郎は、茶屋の主人達と相談して、三日もたてば法律は守らなくてもよくなるからと密約を結んで、元の場所へ戻そうという運動をします。しかし、それが露見して、四〇日間の手鎖の刑に処せられています。また、七代目の市川団十郎は贅沢極まりないということで罰せられています。たとえば、自分の家にいろいろなものを集めた。中でも面白いのは、御影石の灯籠

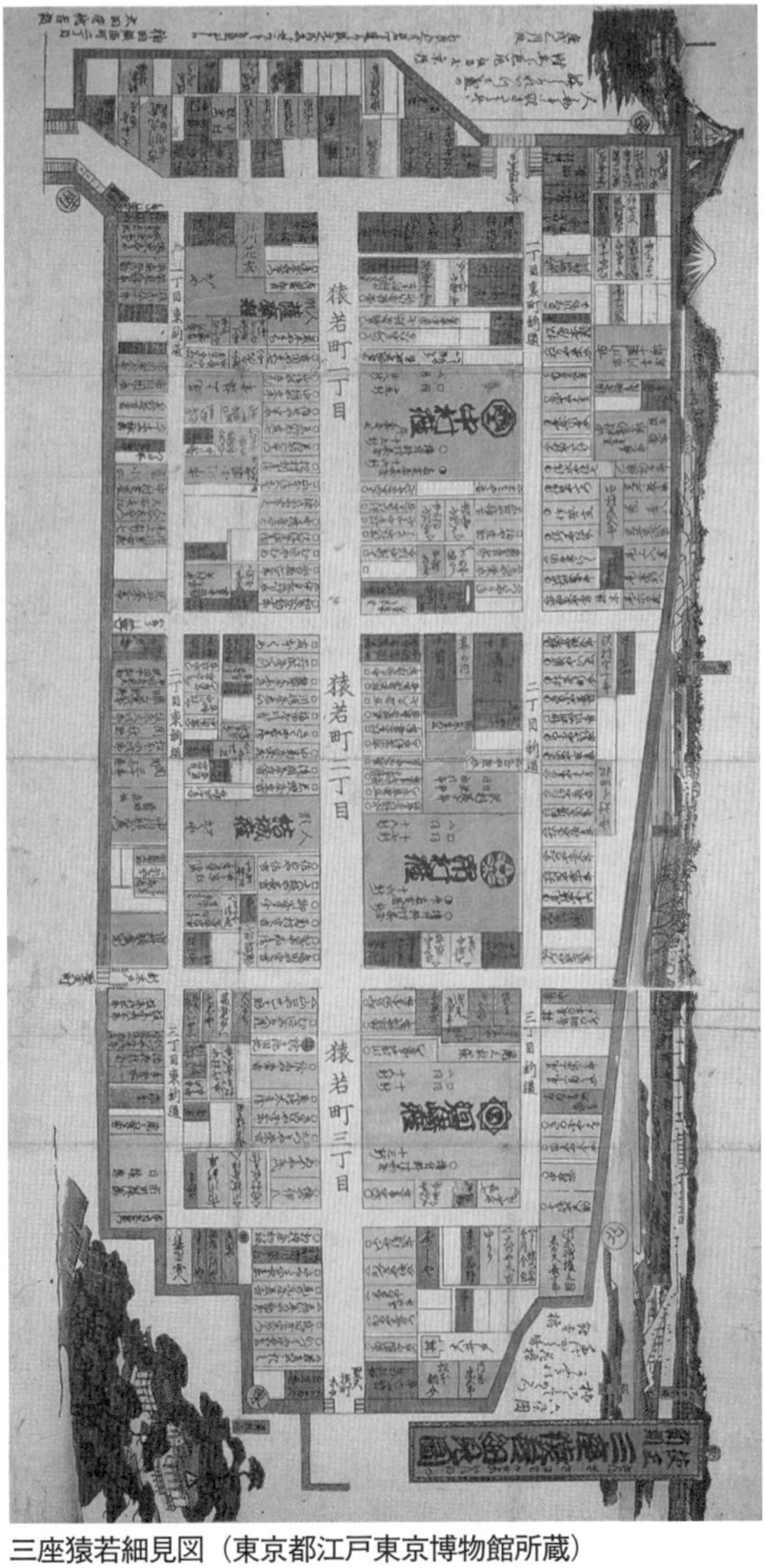

三座猿若細見図（東京都江戸東京博物館所蔵）

をたくさん作ったというのです。それが罰則の理由の一つになっているのですが、そういう贅沢をしたということで、江戸十里四方追放ということになる。天保の改革のときには、役者は極端な差別を受けました。桂川みねは天保改革の嵐も一応収まった幕末期の、そして漱石は明治初年の姉達の猿若町への芝居見物の様子を夢のように追憶していたわけです。

演劇改良

富国強兵、殖産興業を旗印に掲げ、文明開化を文化基準とするような明治政府の基本方針は、江戸文化を否定し、西欧文化の導入こそ進歩とする考えが、すべてに変化を求める思考となり、日本人の生活規範となっていきました。

猿若町からいちばん早く飛び出して、新富町に出た森（守）田座は「土木の精巧善美を尽して、体裁旧座の弊になじまず……舞台を正面に椅子数十脚を安じて洋服の客を苦しめず」（『東京開化繁昌記』）という新工夫をこらした劇場に様変わりしました。

この森田座は明治八年（一八七五）、新富座と改名し、演劇改良運動のメッカとなったのです。最初に取組んだのは興行時間の短縮でした。それでも明治九年春四月、新富座に芝居見物に出かけたアメリカ娘のクララ・ホイットニーは次のようにいっています。彼女は午前一〇時から午後四時までの観劇に疲労して先に帰りましたが、同行の富田さん一家は、朝の六時から夜の七時半まで劇場にいて興奮して帰宅しました。その様子にびっくりした彼女は、「劇場に十三時間半もいるなんて、考えただけでも卒倒しそうだ！　そんな長時間耐えられるなんて、日本人は俳優も観客も、驚くほど頑丈な体質を持っているに違いない」(『クララの明治日記』講談社一九七六)と。クララ・ホイットニーは、日本人の長時間の観劇に耐えられるための休憩所である芝居茶屋の機能をよく知らなかったためかもしれません。

この芝居茶屋廃止の先達となったのが坪内逍遙こと〝春の家おぼろ〟でした。彼は『劇場改良法』の中でこういっています。「時間長きがために飲食せざるべからず。西洋の劇場にてハ幕間甚だ短かく、其の短き間に尚観客の倦まんことを恐れて、舞台の前面に楽隊を備へ、幕下る毎に面白き奏楽をなすと雖ども、我国の劇場にて幕間時として一時間にも渉ることあり、不潔なる空気を呼吸しながら茶を啜り、菓子を喫し、酒を飲み、料理を食ひ、午飯晩飯を遣ふ等、劇場を以て自ら酔飽の場となし、衆人広座の中に於て鯨飲牛食する、其醜態は如何程に堪忍して見るも、文明国の劇場」ではないと。

かくして漸減していく芝居茶屋は関東大震災をもって東京から全く姿を消すことになりました。一方、演劇の改良運動では西欧との対比で、これまでの歌舞伎劇が、余りに非歴史的で荒唐無稽であったので、史実を踏まえた作品であることを重視した活歴物《かつれき》とよばれた作品が演じられました。重盛諫言、仲光、高時、白髪染実盛、伊勢三郎などの俗称でよばれているものですが、世評は甚だきびしく、永井荷風は九代目「団十郎が明治初年の官僚界に贔屓多く遂に活歴と呼べる似而非《えせ》芸術を起した」と痛烈に批判していますが、さらに「進んで他を取らんとすれば為めに自己伝来の宝を失ふ」(「江戸演劇の特徴」)愚を冒したともいっています。このことは荷風がいうように、江戸歌舞伎がいわば幕府の厳しい検閲の下で、江戸っ子を支えに生き抜いてきた庶民芸術としての輝かしき伝統を自らの手でかなぐり捨てる行為に等しかったのです。いいかえれば、歌舞伎を上品な演劇に転化させようとすることは庶民へ絶縁状を突き付けるに等しい行為でした。

かくして徐々に旧江戸歌舞伎に復してはいったものの、かつてのような、ゆとりと情緒は次第に薄れていったのです。

むすびに

近代文明の恩恵下に暮らす現代人が、江戸や明治の生活に帰れといっても、それはできることではありません。

それにもかかわらず余りにも機能的で、時間に追われる生活をしているわれわれは、ときにゆとりのあるライフスタイルを模索したくなります。そうしたとき常に私の頭をかすめるのは桂川みねや漱石の姉達、そして柳沢信鴻のことです。それは、今日のような小間切れの歌舞伎見物とは違って、たまには驚くほどの長時間、日常生活を絶ち切って、まるで夢に見る〝桃源郷〟に入る境地を味わってみたいと思うからです。また、役者と見物客が完全に一体化した江戸の芝居《しばい》見物を復活してみたくなります。

あくまでも澄み切った水を切り、川風に頰が赤らむ小さな船旅の芝居見物は「失われた美学」に終わってしまいました。しかし、江戸東京に花開いた都市文化の酔いを追体験することが、現代生活の渇きをいやす豊かな恵みとなることは間違いないようですので、まず江戸の芝居小屋の復興ができないものかと思います。

万華鏡・江戸から東京へ
——江戸悪場所の変貌

（『国文学解釈と教材の研究』一九七六年八月号）

庄司甚右衛門が、それまで散在していた遊廓を一ケ所に集めて、京都や駿府に準ずる廓《くるわ》の設置願いを幕府に提出したのは慶長十七年（一六一二）のことである。それが元和三年（一六一七）、現在の日本橋人形町附近に許可され吉原といった。その由来は『洞房語園』の伝えるところによれば「葭茅生ひ茂りたるを刈捨て地形築立て、町作りたる故葭原といひしを、祝ふて吉の字を書き替へたり」とあることによって理解されよう。

明暦の大火以後、浅草に移されても〝吉原〟の地名は遊廓の代名詞化していたため〝新吉原〟としてその名称を継ぎ、これまでの吉原を元吉原といって区別した。もともと幕府が公娼制度を認めた理由は、治安維持や風紀取締りのためであったから、遊女が華美に流れることは好まなかった。しかし悪場所には悪場所独自の論理が栄え、男性にとっての自由開放区内は、江戸文化の一端を荷うほどの文化社会を形成し、華やかな吉原情緒をかもし出すようになり、幕府の思惑とは、大きな差異が生じてきた。

尾張六十一万石の当主徳川宗春が、将軍の座を紀州吉宗に奪われた不満から、新吉原三浦屋の春日野に通いつめた巷説があるように、また紀文や奈良茂が廓内を全部買切って、一夜に千両の金を使って豪遊した話が伝えられるように、大名や豪商の遊び相手の太夫には、それ相応の芸道のたしなみがなくてはかなわぬ。茶・香・華道はいうにおよばず、書道にも歌道にも通じた太夫が多く存在し、互いに〝つう〟な客を競い合った。

数ある遊女のうち太夫になるのは一〇〇〇人に一人ぐらいの割りで、あとは格子女郎・局女郎・端女郎、あるいは切見世女郎といわれる階層であった。彼女らの中には病いにおかされ、ついには三の輪の浄閑寺、一名投込み寺にほうり込まれて無縁仏になり果てる者もあり、過去帳によれば、その数、万を越えるところをみると、吉原には光の部分より、そのかげりの部分が大きかったことも忘れることはできまい。

このころ江戸の町には〝細見売り〟という行商人がいた。それは古くからあった吉原遊びの案内書『吉原細見』などを売り歩いて生業としていた。細見の最初には、大門口をくぐると仲の町をはさんで、江戸町一丁目、二丁目と向い合い、一番奥の京町まで、遊女屋がずらり並んだ地図があり、それぞれの妓楼の抱え遊女の源氏名を記してある。中には、吉原までの馬・船・駕籠の便をこと細かに記載したものもあり、これさえあれば、吉原にはじめていった者でも惑わずに遊べる。浮世絵出版で名高い地本問屋蔦屋重三郎が、この吉原細見の出版元として大をなしたことはよく知られているが、蔦屋の繁栄は吉原大衆化現象に応じた商法が的中した典型ともいえる。

しかし、吉原以上に大衆に親しまれた性の遊び場所は岡場所である。その語源は、吉原から見れば〝ほかの場所〟であり、訛って〝岡場所〟といったといわれる。この岡場所は幕府公認の吉原と違って、非公認の遊里であり、吉原の名主からは幕府に対し、たびたびその取締り方が要請され、幕府もこれを受けたり、あるいは独自の見地から、その取締りに当たっている。それにも拘らず岡場所の繁盛は消えず、安永三年（一七七四）の洒落本『婦美車紫鹿子』には、江戸市中にその数七十ケ所が記録されている。その岡場所の代表格が深川で、江戸城から辰巳の方角にあった深川を俗に辰巳といった。それは江戸っ子をして、いきな遊びは深川に限るとまでいわしめる繁盛ぶりであった。一時は百五十ケ所を越えたと推定される岡場所の繁盛、あるいは吉原の太夫消失などは、江戸の町の都市構造、住民構造の変質にともなう現象で、宝暦・明和以降、下層町人も含めた江戸の町の繁栄と軌跡を同じくする。

しかし、それも寛政の改革で大打撃を受け、岡場所あるいは品川・新宿など飯盛女の私娼街も過半数は取り潰され、さらに天保の改革によって、表面上は全く地を払うことになった。しかし、水野忠邦失脚直後から、歌舞伎も寄席も旧に倍して繁盛したように、吉原もふたたび盛り、岡場所も復活して明治維新を迎えた。

化政期のころ百万を越えたと推定される江戸の人口も、東京《とうけい》と改まって五七万人余りに激減したから、悪場所の没落もさぞやと想像されるが、案に相違した繁盛ぶりを示していたようだ。ところへ明治五年（一八七二）六月、降って湧いたようにマリアルーズ号事件が起こった。南米ペルー国籍のマリアルーズ号が横浜に入港した際、船客の一人が脱出し、船内に多数の清国人が奴隷として拘禁されている事実を明かした。副島種臣外務卿・大江卓神奈川県参事らの奔走で、その奴隷は解放されることになったが、日本側の処置を不当として国際仲裁裁判に持ち込んだペルー側は、日本は国内で娼妓などの人身売買を認めながら、国際的には人道主義を標榜《ひょうぼう》して奴隷解放を迫るとは矛盾もはなはだしいと指摘した。国際間の信用を第一義と考えた政府は、明治五年十月、娼妓等の解放を令した。

「娼妓芸妓等年季奉公人一切解放致スベシ。右ニ付テノ貸借訴訟総テ取上ゲザル事」

という布告は当然のことながら楼主に決定的打撃となった。この結果は「殊ニ吉原ハ烟火ノ色ヲ失ヒ最モ荒涼ニ絶ヘズ」（『新聞雑誌』六十四号）といった状況に追いこまれ、さらには「三谷堀柳橋茅町新町辺ニテモ、糸竹ノ音ヲ絶チ、俄カニ冬枯ノ景況」となり、花柳界にも影響するところが少なくなかった。また一方、「先般娼妓解放ノ令アリシヨリ、其旧弊却テ市間ニ流布シテ、満府密売婦ノ盛ナル、頃日ニ至テ極レリ」と伝えられるように私娼の横行が問題となった。したがってとりあえず貸座敷という形で営業を許されていた新吉原、および品川、千住、新宿、板橋の四宿に、根津遊廓を加えた六か所が中心となって、翌明治六年の秋ごろからは、再び悪場所が繁盛するようになってしまった。こうした背景には、解放令が突然出されても、たよるべき身寄りも、親元に帰る旅費の工面もつかない悲惨な娼妓の数があまりにも多かったことを忘れることはできない。彼女らは農村出身者が多く、小作料調達、家人の病気等々、その事情は異なるにせよ貧困故に苦界に身を沈めたのであり、江戸末期の川柳、

借金の穴へ娘をうめるなり

といった状況は、明治年間にも、あい変らず引き継がれ、真の解放はそれから約一世紀もの時間を必要としたのである。

第4章遊び・芝居—3

遊びの都市空間

——盛り場浅草

盛り場浅草の原点は仲見世にある。その出現は元禄ないし享保に遡るといわれているが、雷門から仁王門にかけおよそ七十間の両側に軒を連ねた仲見世は、いまなお繁昌している。

もともと浅草寺境内の掃除の賦役を課せられていた馬道辺の住民に対して、その賦役の代償として床店（土産物・玩具等）の営業権を与えたのがはじまりだといわれている。化政期以後は、その店の権利が、何百両とうわさされるほどだったから、その賑わい振りが偲ばれる。

それと並んで水茶屋の繁昌も注目されるところである。文政十一年編さんの『御府内備考』に「茶屋町。町内小名雷門前広小路と唱候」とある。この記事は雷門前に広がる広小路、つまり火除地に設けられた水茶屋が、茶屋町を形成するほどに発展していたことを知らせてくれる。

もともと、江戸の盛り場は、江戸橋、両国、上野等の広小路にできたが、浅草もその例外ではなかった。しかし同じ広小路でも橋のたもとのそれと、門前町のそれとでは形成要因にへだたりがある。浅草の場合は上野と同じく門前町の広小路である。しかし浅草はよく似た上野とも異なる盛り場の条件があった。

その一つは江戸の不夜城吉原を控えている点であった。江戸ッ子が「浅草へ行ってくる」といえば、観音様は通過して吉原へ行くことを意味した時があった。川柳に「観音は使いでのある仏なり」とは、よくいったもので、その間の事情を説明して余りある。かくして浅草は遊興の巷へ傾斜度を強めた町というイメージができてきた。

もう一つは、浅草寺に隣接して芝居町があったことである。天保の改革に際して、大名の下屋敷を埋立てて、猿若町一・二・三丁目を造成した。そこへ中村座・市村座・守（森）田座がそれぞれ堺町・葺屋町・木挽町から強制移転させられてきた。幕府から芝居興行の独立権を与えられていた、いわゆる江戸三座が都心から移り、芝居茶屋が軒を連ね、ほおずき提灯の灯が薄暮の空に映える姿は、浅草の様相をより一層華やいだ盛り場と変えたのである。

この猿若町での芝居見物は、女性の関心の的だったが、それに船便が用いられたことも一層の情趣を添えていた。その模様を、蘭方医で将軍の脈をとった桂川甫周の娘みねが、次のように語っている。「屋根ぶねで浅草へ参ります。大勢の時は屋形ぶねでございます。船つき場へはちゃんときまった茶屋からの出迎えがありますが、手に手に屋号の紋入りの提灯を持って……この町を行くあたりのたのしさと申しましたらもう足も地につかないほどでした」（『名ごりの夢』）と。

また夏目漱石も、飯田橋から船で神田川を下り、隅田川に出て猿若町に至る姉の芝居見物の経緯を『硝子戸の中』で情緒纏綿と語っている。

粋な江戸ッ子が猪牙船で吉原通いをすることはつとに知られている。だが猿若町の芝居見物に船便が用いられたことは忘れられがちである。浅草寺詣でに船便が用いられたこともちろんであり、水辺空間浅草の面目躍如たるものがあった。

もともと、江戸は水辺の空間を多く持った掘割の町であった。日比谷、汐留、三十間堀、日本橋川筋の小網町、堀留、神田川筋の飯田橋、柳橋等々、いたるところに船宿があった。多くの船宿の存在は江戸庶民にとって船便が欠くことのできない都市交通機関であったことを物語っている。

中でも隅田川は、もと浅草川、大川などと呼ばれ、江戸の母なる河川として親しまれていた。この隅田川の享保の堤防工事は注目しなければならない。江戸絵図を見ると、隅田川は浅草荘前あたりで流路がくびれて細くなっていることに気付く。それは洪水の際の対策である。鐘ヶ渕、綾瀬あたりで貯水槽の役割を果たさせ、本所・深川の低地を水害から救うためだったといわれる。同じことは、吉原通いで有名な日本堤についてもいえる。日本堤は実は、浅草・下谷を水害から守るための措置であった。

この日本堤は桜で有名だが、墨堤の桜も、文人墨客の審美眼にかなう美観を呈していた。白魚の採れる隅田川はあくまでも澄んでいたが、その川面に映える朧月夜の桜は特に見事なものがあった。先に浅草は吉原通いの通過点といったが、墨堤の花見や猿若町の芝居見物は、男性だけの専有物ではない。浅草は男女を問わず人を浮き浮きさせる不思議な魅力を秘めた盛り場であった。そして江戸から明治へかけての庶民の憧憬の的でもあった。

女子供にとって浅草の魅力となった場に花屋敷があった。嘉永五年、千駄木の植木屋森田六三郎の経営ではじまったのが花屋敷である。斉藤月岑《げっしん》の『武江年表』には「春の頃より、浅草奥山乾《いぬい》の隅、林の内六千坪の所、喬木を伐り、梅樹数株を栽へ、また四時の草木をも栽へ、池を掘りて趣をなし、所々に小亭を設く」とあるから、植物園の様相を呈していたことがわかる。しかし、花屋敷はそれだけではなかった。ロバート・フォチエンの『江戸と北京』（三宅馨訳）には「鳥や他の動物を収集して見せる……」とあるから、いくらか鳥獣もいた場所でもあった。したがって、創草期の花屋敷は後年のそれと趣きを異にしていたのである。

この花屋敷のあった場所は、元禄の昔は桜の名所で、松尾芭蕉が「花の雲　鐘は上野か浅草か」と詠んだ。しかし、享保十八年二月以降、この場所を「千本桜」と呼ぶようになったのは、それとは関係がない。枯れた桜の植え替えを新吉原の千本桜によったことから起こった名称で、むしろ異称の感が深い。通常は「観音裏」とか「奥山」と呼ばれていた。

この浅草奥山を、天保年間、為永春水が「手品、軽業、独楽まはし、ぜんまい仕掛け、生人形と、人の山なす浅草の、かの観世音の奥の山」（『春の若草』）と述べている。この韻文で奥山の賑わいが偲ばれる。

奥山の伝統を継承して近代になって、新たな興行街を形成するのが浅草六区である。その起こりは「たゞ荒蓼たる田甫に過ぎざりしが、明治十七年中、奥山の観世物を取払ひ、其の代地として、此田甫を貸下げることゝせり。」（『明治事物起原』）とあることによって知られる。昇斎一景描く錦絵「酉の市」にある通称「浅草田甫」を埋立ててできたのが六区である。

この埋立て作業は東京府が行った。そもそも明治四年に、子院三十四ヶ院、境内十一万坪余りを擁した浅草寺が、政府の上知令に応じたことに端を発し、これを受けた東京府が公園を設置すべく埋立て作業を開始したものであった。つまり、浅草六区は政府の「其ノ装置ハ外国人ニモ恥ヂザル様」（太政官布告）な近代公園として発足したのである。

六区における最初の小屋掛けは、関西の興行師青木某によって行われた。青木はのちに玉乗りの太夫元となった人物だが、明治十七年には女大力の興行をかけた。「併し田甫中の一軒家なれば見にくる者とて無かりければ、僅か三日にして閉ぢたり」（『明治事物起原』）という惨状を経験したのである。この六区がようやく繁昌するようになるのは明治二十年代末から三十年代にかけてである。東京の観せもの場総数三十六のうち「浅草公園第六区には二十二ありて、軒を列ね、一歳中興行を休むことなし」（『東京風俗志』）と、平出鏗二郎が述べていることによって知られよう。

浅草六区のシンボルは、なんといっても凌雲閣、通称十二階である。明治二十三年にでき、大正十二年の関東大震災で崩壊するまで、東京名所の一つでもあった。

この十二階は同じ六区に五年以上前にできていた富士山の模型と張り合って築造されたと思われる。それはダクラス・スレーダンの『見聞記』によれば「木摺と板紙としっくいを使って築き上げら」（岡田章雄『明治の東京』）れたといっている。さらに、ゆれ動く板を踏んで、チンドン屋の音を聴きながら登れるように作られていたものであった。江戸の富士信仰ゆかりの張りぼて造りの富士山は思いの外に繁昌し、一日六千人からの観客を動員することができたという。この張りぼて富士に対抗してよりハイカラな煉瓦造りをというのが、十二階築造の発想であった。

その十二階も外国人には、かつては「ぞっとする程厭らしい形」と表現されるほどグロテスクであった。にもかかわらず、あえぎあえぎ螺旋状の階段を登れば、蓄音器から流れる音楽が疲れを癒してくれる。茶も飲める。かくして殊のほかに繁昌したのである。

この十二階に象徴されるように、政府の意図した「外国人ニモ恥ヂザル」公園造りとは似ても似つかぬ発展を示したのが浅草公園六区である。しかも玉乗り、撃剣、太神楽、剣舞、活人形等々、江戸奥山の伝統を背負った興行場も数多く見られ、明治の浅草六区は、いかにも複雑な要素をかかえこんだ盛り場であった。

さらに大正から昭和にかけてこの地は、史上空前ともいえる繁栄ぶりだった。活動写真の大流行、浅草オペラの全盛などで、身動きもできないほどの人出を誘った。その中で和洋両極の興行は続いた。アメリカ輸入の活動写真が恋物語をスクリーン一杯に展開させれば、チョンマゲものも登場する。いずれも活弁の舌三寸の勝負である。またオペラ『カルメン』も上演されれば、安来節もかけられるといった具合である。

昭和五年に「浅草は東京の心臓であり、又人間の市場である。万民の共に楽しむ—日本一の盛り場である。」(『日本地理大原』)といったのは川端康成である。確かに浅草は、大阪にも京都にも、あるいは日本中のどの都市にも見られない日本一の盛り場である。

この浅草では、他の地域には見られない多くの個性的芸人を育てはぐくんだが、榎本健一もその一人であった。彼が「浅草の芸は、上品ぶらず、しかもどこかにペーソスがなければだめだ」(拙著『昭和庶民文化史』)と語ってくれた。それは多分、エノケンの芸を愛する観客との対応の結果生まれた言葉である。

その観客の中には、遠く故郷を離れた単身東京暮らしの出稼人もいれば、仕事の関係で住みなれた田舎を後に東京の住人となった者もいた。彼等はいずれも精神的には常に故郷回帰意識の強い地方人であった。もちろん、江戸根生いの東京人もいた。彼等は共に気安くくつろげる、故郷のような安らぎの場を求めて浅草に集まった。そうした観客層を多く抱えた浅草には浅草独特の芸がなければならなかった。そこにエノケンの言葉の生命があった。

浅草は、他国者も土地っ子も区別のない陽気で明るい笑いの場であった。それは同時に、庶民の心のうさの捨て場所でもあったのである。

このように浅草は常に庶民との対応の中で、新しさを求めてきた町であった。しかし、いつも長い伝統の中に沈潜し、再生してきた町でもあった。いわば浅草はふだん着の盛り場として絶えず活性化してきた町だったのである。

第5章
サロン・文化

第5章サロン・文化―1

大江戸曼陀羅 江戸のサロン

――日本橋界隈の都市空間に華開いたヨーロッパへの窓

(『朝日ジャーナル』一九八七年三月三十日号)

都市は人を自由にする。近隣交際のわずらわしさや、地域社会の伝統的慣習の規制はゆるやかで、個性的人間も、身分差をのりこえて自由に文化創造に打ち込むことができる大きさをもっている。この大都市特有の特性は、近・現代に限ったことではない。天下の城下町江戸の場合は、「秋ふかし隣は何をする人ぞ」と芭蕉が元禄の昔(一七世紀の終わり)に詠んだように、都市社会における不干渉主義が目立ってきていた。そして一八世紀後半、宝暦、明和、安永以降の江戸には、すでに近代社会の萌芽とも見られるような雰囲気がいくつかのサロンによって形成されていた。

大久保サロン

鈴木春信によってはじめて錦絵が創出され、浮世絵が江戸文化の花形として登場してくる背景に大久保甚四郎巨川が存在した。大久保甚四郎は一六〇〇石取りの旗本で俳号を巨川といった文人で、彼の牛込の邸宅ではよく大小会《だいしょうかい》が催された。旧暦の大の月（三〇日）と小の月（二九日）の名を、一枚の版画の中に巧みに隠しこんで摺る。その趣向と機智を競い合う品評会であり交換会であるこの会のことを大小会といった。

神楽坂の入り口を左に折れて坂を登りつめた辺りに彼の邸宅はあった。そこに武家も町人も絵師も階層を問わず集まって歓を尽くしたが、その中に鈴木春信もいた。春信の代表作に『坐鋪八景』があるが、その八枚の見立て絵を包む畳紙《たとう》には〝巨川工〟と記されている。この〝巨川工〟の意味は、単純に春信のスポンサーと解釈する説と、巨川がデザインしたものを春信が下絵を描き、彫師が版木を彫り、摺師がこれを多色摺りして仕上げたという説がある。前者の説が妥当と考えるが、いずれにしても明和年代（一七六四〜一七七一）の江戸文化に一つの画期を与えたあの夢幻的な錦絵は、大久保サロンと深い関係のもとに誕生したと考えられる。

もちろん錦絵の創始については、神田白壁町に住んだ春信が、同じ町内に住んだ風来先生こと平賀源内の強い影響を受けたことも十分に考えられる。森島中良の『反古籠《ほごかご》』にいう「錦絵は翁（源内）の工夫なり」ということもあながち否定できないが、多くのすぐれた文化人たちによって交わされた談笑のうちに春信という世界的画人が育てられたと見るべきだろう。いいかえれば〝巨川工〟といい〝源内錦絵創始説〟といい、いずれも画工鈴木春信の創造性をいささかも傷つけるものではなく、春信の錦絵が、一八世紀後半の江戸という都市がはぐくんだサロン的雰囲気の中で発酵し熟成されたことは間違いない。

申淑堂サロン

一八世紀後半の江戸出版界で最も顕著な活躍をしたのは須原屋一統である。須原屋茂兵衛、須原屋市兵衛、須原屋善五郎、須原屋与助、須原屋伊八、須原屋孫七、須原屋平助、須原屋小林新兵衛、須原屋文五郎などがその一統だが、ここでは申淑堂須原屋市兵衛を問題にしたい。

日本橋室町三丁目に店を開いていた須原屋市兵衛は、宝暦一〇（一七六〇）年から文化八（一八一一）年までの五二年間、出版活動を続けた。その間およそ二〇〇点にのぼる書物を出版したが、その中には日本博物学史上記念すべき平賀源内の『物類品隲《ひんしつ》』や、日本医学史上画期的な意義をもつ杉田玄白の『解体新書』がある。また、特に蝦夷地開拓の必要性を説いた林子平の『三国通覧図説』や、海防の急務を説いた『海国兵談』などが含まれている。その他にも大田南畝（蜀山人）、森島中良（森羅万象）、宇田川玄随、平秩《へずつ》東作など、宝暦、明和、安永期を代表する文化人や医者の書物も出版していた。このように須原屋市兵衛は、当時最も野心的な出版物を手掛けている。その背景には、かつて須原屋茂兵衛らと共に、江戸地店の書物仲間が上方資本からの独立をはかって成功するなどの経験が大いにものをいっていた（今田洋三『江戸の出版資本』参照）。

忘れてならないのは、須原屋市兵衛の眼には、日本橋川の河面が江戸湾に通じ、さらに世界の海へつながっているという認識が強烈だったことである。平賀源内や杉田玄白、森島中良、林子平、宇田川玄随同様、遠く西欧に向かって大きく見開かれていたのである。

申淑堂から歩いて数分の距離と思われる本石町三丁目、「時の鐘」に隣接して長崎屋（二〇三頁参

日本橋本石３丁目、長崎屋の図。オランダ人を覗き見る人々（たばこと塩の博物館蔵）

照）があった。長崎屋はいうまでもなく長崎から江戸参府する阿蘭陀《オランダ》人の定宿であった。

日本橋通四丁目にオランダ外科医を開業した杉田玄白は長崎に学んだことはなく、専らこの長崎屋に毎年春（寛政二年以後五年に一回）、二〇日間やってくるオランダ商館長一行と、彼らに随行してくる長崎通詞たちから新知識を学んだのである。『解体新書』翻訳グループの中川淳庵にしても、四代目桂川甫周も、玄白と同様、長崎屋で新知識を吸収したのである。そこから『蘭学事始』に語られるあの有名な『ターヘル・アナトミア』翻訳の苦心談が生まれるのだが、こうした事情はつぶさに申淑堂須原屋市兵衛の海外新知識としてふくらんでいったに違いない。また源内の『物類品隲』の挿絵を描いた宋紫石（楠本石渓）は、杉田玄白の隣家に住んで（西山松之助『文化の中心としての日本橋』）いたが、彼が沈南蘋《ちんなんぴん》風写生画を勉学中、長崎で得た海外知識なども当然、申淑堂須原屋市兵衛の耳に入ったことと推測できる。

こうして見てくると、申淑堂サロンでは常にヨーロッパを憧憬する論議や、日本人とオランダ人の意識構造の違いなどが話題となったとしても一向におかしくはない。そして鎖国日本の〝世界に開かれた唯一の窓・長崎〟という表現は、必ずしも正確ではなかった。実は徳川将軍家の膝元のど真ん中、日本橋界隈の僅かな都市空間には、途方もなくでかいヨーロッパへの窓が開いていたのである。

蔦重サロン

申淑堂須原屋市兵衛よりやや遅れて、安永年間（一七七二〜八〇）から活躍しはじめたのが耕書堂蔦屋重三郎であった。彼は最初、吉原大門口で『吉原細見』を売り出して成功した。その後、天明三（一七八三）年、常盤橋から浅草橋に通ずる江戸一番のメインストリート本町通りに面した通油町に進出してから急速に世間の注目の的となった。浮世絵師喜多川歌麿も、東洲斎写楽も、北尾政美（鍬形蕙斎）も北尾重政も、葛飾北斎も、蔦重の存在を無視しては語れない。もちろん蔦重の庇護者大田南畝（蜀山人）も山東京伝・京山の兄弟も、また朋誠堂喜三二、恋川春町、滝沢馬琴、十返舎一九と、天明期を代表する江戸の文化人はみな蔦重と深いかかわりをもっていたのである。

蔦重はまず、絵を主として会話や簡単な説明で筋を運ぶ滑稽文学の黄表紙の世界で、大田南畝をとりまく俳人グループの作品を次々と刊行し、それを基礎に狂歌集を刊行して成功を収めた。もともと黄表紙は挿絵中心の要素があったから絵師とのつき合いは深かった。そうした因縁から発展し、やがて喜多川歌麿を世に出すことで、蔦重の名は一段と高まった。

歌麿はこれまでの全身を描く美人画の常識を破って、大首絵という独特の技法によって襟足の美しい美人画を創造した。だがそれは、歌麿一人の功績ではなかった。出版業界の厳しい競争に打ち勝って新しい美学を創出していこうとする蔦重の姿勢や、それをとりまく多くの文化人との交際の中で誕生したのが歌麿の美人画というべきであろう。そこに蔦重サロンの文化的意義が浮上してくる。また、デフォルメした役者絵をやはり大首絵の手法で描いて、歌麿同様世界的評価を受けた写楽は、蔦重以外からは一枚の浮世絵も出版していない。写楽は蔦重との関係抜きには語れない所以である。

自由奔放な生活を営み画狂人と自ら名乗った北斎の板木がボストン美術館で発見され話題をよん

だが、その中に『絵本東都遊』がある。その版元は蔦重であり、版木番号中の八に『絵草紙店』と題して版元の蔦重の店頭を描いている。自由奔放に己の心の赴くままに生きた北斎にしては珍しく版元を意識したもので、浮世絵研究史上に貴重な画題として残されているのである。

しかし蔦重は出版業者として、儲かるものならなんでも手掛けるといった経済効率一点張りの人物ではなかった。朋誠堂喜三二に、江戸町人が松平定信の緊縮政策を歓迎していない様子を『文武二道百万石通』で表現させたり、恋川春町に『鸚鵡返《おうむがえし》文武二道』を書かせるなど、気骨ある出版ジャーナリストとしての面目を発揮している。しかし後に山東京伝の酒落本『仕懸文庫』他の三部作、遊女放埒の体を書き綴った本を出版した咎で財産半分没収という重過料に処せられた。これが心の重荷となった蔦重は、五年後に四八歳でこの世を去るのである。

蔦重はある意味で現代出版ジャーナリズムの先駆者的存在と考えてよいかもしれない。なぜなら、黄表紙・酒落本作家に対しても浮世絵作家に対しても、稿料を支払った日本最初の出版元という説があり、また作家と出版元とが相互に編集会議をもった最初という推測も行われているからである。こう見てくると、蔦重サロンは申淑堂サロンとは別な人脈の集合体でありながら、申淑堂と同様、近代合理主義的考えが横溢していたと考えられるのである。

桂川サロン

現在の中央区築地一丁目一〇番地に、桂川甫周屋敷跡がある。桂川甫周は代々将軍家の奥医師（蘭方外科）として仕えた家柄で、築地に三〇〇坪ほどの拝領屋敷があった。蘭方を学ぶ書生で、この築地の桂川屋敷を知らぬ者はなく、江戸へ出てくればまず桂川の家を訪ねて教示を受けるのが常法だった。それは、奥医師蘭方外科の家柄故に、桂川家だけは蘭学研究が公然と認められていたからである。杉田玄白も前野良沢も、高野長英も渡辺崋山のいずれもが、常法通りまず桂川の屋敷を訪れている。

この拝領屋敷からほど近い築地明石橋際の小西従次郎（歩兵差図役）の邸（一二〇〇坪）を譲り受け、そこに移り住んだのは七代目甫周国興で元治元（一八六四）年三月のことであった。この邸には日本の新聞界の草分け柳川春三や、化学界のリーダー宇都宮三郎、のちに啓蒙的官僚となった神田孝平、咸臨丸の艦長となった亡妻の弟木村摂津守芥舟、のちの朝野新聞社長の成島柳北、それに福沢諭吉などが出入りした。その他にも洋学書生の誰彼を問わず桂川家を訪れるものはあとを絶たず、〝桂川の山吹汁〟（味噌汁の実の一つだになきぞ悲しき）をふるまわれては、心は欧米へ馳せていた。幕末兵馬倥偬《こうそう》の間にも、この桂川サロンの洋学研究の火は赫々と燃えていた。

桂川甫周国興の娘みねが残した『名ごりの夢』によれば、福沢諭吉の桂川家への出入りは築地の拝領屋敷の時分からで、その印象を次のようにいっている。「福沢さんは、どうも遊び仲間とはちがうように私の頭にのこっています。始終ふところは本で一ぱいふくらんでいました。いつも本のことばかり心にかけて、桂川から洋書をかりていらっしゃいましたが、他の方がそれを写すのに一と月も二た月もかかるのを、あの方はたいてい四、五日か六、七日ぐらいで写してお返しになりました」と。

子ども心にも諭吉の熱心な勉学ぶりは群を抜いていたという印象が、よく伝わってくる。福沢は桂川家と掘割を距てた向こう岸、豊前中津藩奥平侯中屋敷の、二間続きで玄関もない長屋に住んでいた。藩命により、この中屋敷内に蘭学塾が安政五（一八五八）年に開かれるが、それが慶應義塾の起こりである。またこの慶應義塾の前身は藩医前野良沢宅であった。ここに杉田玄白、中川淳庵らが集まり、『ターヘル・アナトミア』の翻訳をはじめたゆかりの場所で、まさに標示板にある「日本近代文化奉始の地」だった。

その良沢にしても玄白にしても、また淳庵も、いずれも桂川家との関係は深い。下って福沢との関係の深い七代目甫周は、慶應義塾開塾の年、永年の苦心が稔って蘭日辞典『和蘭字彙』を完成させている。しかし時勢の推移は蘭学から洋学へ、つまりオランダ語から英語の時代へ移ることと、幕府終焉とが重なって、桂川サロンの使命も終わりを告げたのである。

サロンといえばフランスの宮廷サロンや京都の後水尾サロンが頭に浮かぶ。朝幕関係の極度の緊張から解放されるために、修学院離宮を中心に展開された後水尾サロンは、后《きさき》でのちの東福門院や、書家三藐院《さんみゃくいん》の名で知られる近衛信尹《のぶただ》、あるいは今日の華道の元を開いたといわれる二代目池坊専好らによって華開いた。そこにはただちにフランスの宮廷サロンにつながる同質性があったが、江戸の場合は、フランスの宮廷サロンや後水尾サロンとは、その成立条件を異にしている。

これまで見てきたように、江戸のサロンは武家あり町人あり奥医師ありといった、階層をのりこえた大都市特有の地域性に根ざしている。その地域性も山の手あり下町ありという状況だが、どちらかといえば、これまで江戸一番の商業地区という認識だけが強かった日本橋周辺や京橋、築地、鉄砲洲といった下町の中心地区で大きく華開いている。そして、いずれも出版文化と関連し、ときに封建体制下の厳しい統制のもとでは考えられないほど大きな夢が世界に向かって開かれていたのである。それはわずかに長崎と江戸とが共有できた都市の特性というべきかもしれない。その江戸、長崎に共通する特性とは何か。いうまでもなく、志をいだく青年の向学心を捉えて離さない〝青雲の都〟としての魅力であるだろう。

しかし、長崎は近代に至ってその使命を終えるが、江戸の場合は東京にその文化伝統が引き継がれているところに長崎との都市特性の違いがある。江戸の文化サロンは、竜土会、パンの会、中村屋、岩波などの各サロンを生む源泉となった。それは天下の城下町江戸から、一国の首都東京へと、最大の都市機能が変化しなかったことによるもので、間接的文化伝承といえるだろう。その意味からしても、一八世紀後半以後、江戸から東京への連続した視野に立つ〝ものの見方〟の大切さは深まりつつあるといえる。

第5章サロン・文化―2

江戸――回顧片々

（『東京人』一九九〇年十月号）

田舎と江戸

日比谷入江の奥に人家の見え隠れする景色を江戸といったが、それは現在の大手町付近のことである。その江戸に徳川家康が入府したのが天正十八年（一五九〇）、今から約四〇〇年以前のこと。以後、神田山を崩して入江を埋め、三代将軍家光の寛永年間には三〇万都市に、八代将軍吉宗の享保年間には一〇〇万都市に成長していたのである。こうした都市は、世界史上にも例を見ない異常な急成長ぶりである。それ故に、江戸は十八世紀初頭にすでに様々な都市問題をかかえることになったが、荻生徂徠は吉宗に献じた『政談』で当時の状況を次のように分析している。

「多クハ田舎ノ百姓ノ奢《おごり》付、耕作ノ骨折業ヲ嫌ヒ、雑穀ヲ食スルコトヲキラフテ、御城下（江戸）奉公ニ来リ」農村の疲弊を来たしている。本来近世社会の経済基盤は、いわゆる「米遣い経済」にあるのにその根幹となる下層農民の農村離脱は重大な問題である。そして江戸へ出た農民は「米、ミソヲ食シ、薪ヲ焚キ、炭火ニ当リ、衣服ヲ買調《ととのえ》テ著シ、美酒ヲ飲ミ、田舎ニナキ障子ヲ立、天井ヲ張リ、唐紙ヲ張リ、畳ヲ布キ、蚊張ヲツリ」て、都市民化することを即刻止めなければならないと提言している。裏を返せば天下の総城下町江戸が田舎に対してもつ吸引力が絶大になりつつあることを物語っている。その江戸の吸引力の根源は、諸大名が「隔年ニ江戸詰スル故、御城下ヲ晴ト覚、物成（年貢）ヲ悉売払、金ニシテ江戸ニテ使捨ル」ところに一因があった。事実諸大名の年収の七、八割は江戸で消費されたといわれるから、江戸はまさに一大消費都市を形成し、すでに近代的商業都市の要素を多分に包含していたのである。そして、「商人田舎ノ末々山ノ奥迄ヲ行渡ルニ依テ、金銀銭トモ田舎ニ多ク成行」く商業経済の浸透は、近世農業経済の根幹をゆるがすものと警告している。ことに「大百姓ノ農業ヲセズ、田地ヲ皆小作ニ作ラセ、其身ハ江戸ノ仕舞《しも》タ屋ノ真似スル者近年ハ多ク見ヘル」状況は、地主制の成長を促すことを意味し、これを止めなければ、農村社会の崩壊につながりかねない。徂徠は都会風の田舎への影響を極度に警戒していた。

寄合い都市・江戸

徂徠は江戸を「旅宿ノ境界」と評したが、それは「店替ヲ自由ニシ、他国へモ自由ニ行キ、他国ヨリ来リ其所ニ住コト自由ナレバ、日本国中ノ人入乱レ」て雑居する都市であるという意味である。

こうした状況は、農村社会のような共同体意識も稀薄で、諸悪の根源は江戸という都市にあると見たのが荻生徂徠であった。このように農本主義に立つ徂徠は、「隣ニ構ハズ」、「自由便利」をよいことに「セワシナキ風俗」を形成している江戸市民意識が農村へ波及することを何よりも恐れた。

しかし、時代の趨勢は皮肉にも彼の意図とは裏腹の方向へ驀《まっしぐら》地に突進してしまったのである。もとより「隣ニ構ハズ」は都市の特性である、他人事への不干渉主義、「セワシナキ風俗」は、「便利」な都市社会の活性化のあかし、そしてなにより運命共同体的農村の万事にしきたりや拘束から開放され、農村よりは、はるかに自由が存在するのが花のお江戸であった。その江戸への憧憬は募るばかりという状況を現出した。

一方、吉宗が命じた江戸町人の人口調査によると、その数およそ五〇万、そのうち男性一〇〇に対して女性五七で男女差の激しい男性過剰都市であった。後年、俗謡に「九尺二間にすぎたるものは紅のついたる火吹竹」とうたわれたが、これは新妻を迎えた運のいい職人層の喜びをうたったものである。

九尺二間に畳を敷くと六畳分の広さである。そのうち一畳半は出入口と炊事場に、残りの四畳半で寝起きして、蒲団も行灯も、その他の生活用具のほとんどもリースで賄って生活したのが、下層町人の暮らしの実態である。

なにしろ江戸市中の七〇パーセントは武家地、寺社地が一三パーセント、町人地がわずか一七パーセントで、武家と寺社人口含めておよそ五〇万、残りの町人五〇万人はわずか一七パーセントの土地にきびすを接して住んでいたのだから九尺二間も仕方がない。この幕末の状況の中でぼてふりのすし屋夫婦が、一畳分の土間と二畳間の一戸建て住宅に住んでいた例もある。町人地は、豊島区の現在の人口密度の五倍程度と推定されているから、その超過密状況は想像を絶するものがあった。

自然流下式水道の汲取り井戸と、共同便所が隣接する状況や、行灯の照明度が六〇ワットの電球の五〇分の一程度であったと思われる生活環境で暮らせといわれたら、現代人は即座に拒否するだろう。日照権も、知る権利も保障されておらず、時に気の遠くなるような退屈な時間をもて余したであろう江戸下層民の生活再現を望む現代人はいないだろう。

しかし、江戸の長屋暮らしには、気さくで、情の濃い大都市特有の共同体意識があった。それを一応木戸内社会と呼んでおこう。それは、町奉行が治安維持上設置させた木戸を共用する二〇軒足らずの家々の住人は、強烈な共生意識によって支えられていたことをいうのである。

共生意識とは、都市下層民特有の弱者同士が互いに助け合い、譲り合って生きようとする意識である。木戸内住人意識の総和を〝おてんとう様〟とか〝世間様〟と見立てて、それに顔向けできない行動は自制しなければならなかった。それは農村共同体を権力側からの抑制の強い組織に改変したのとは異って、自発的に形成された組織から生まれた意識であった。

かくして、都市発生の当初から、諸国人寄合いの雑居都市江戸の下層民社会は維持されてきた。「江戸ッ子は五月の鯉の吹流し、口先きばかり腸《はらわた》はなし」といった狂歌は、よそ者を拒否しては一日として生活できない江戸人の気のいい性分の象徴で、腹に含むところなしと誇示したものと思われる。

時代は下って一九二四年、関東大震災の翌年、「あなたは何故東京が好きか」という『婦人公論』編集部の問いに答えた信州出身の藤森成吉は「我々田舎者の第一に東京に惹きつけられる点は、其の自由さです。あらゆる地方的、因襲的束縛を脱したる。

其の他人々の物わかりの良いところ、変な風な我の無いところ、田舎人には無い一種の親切味」といった。まさに寄合い都市江戸独特の江戸ッ子意識が近代社会に継承されていることを物語っている。

江戸のサロン文化

同じ質問に答えた小川未明は「日本の、最も文化的な生活は、東京に於て、営まれると信ずるからであります」といっている。さらに、横光利一は「東京の人々は禀性（品性）が高い。殊に私の東京の友人は心情玲瓏とした人が多い。さう云ふ人々と談笑し戯《ふざ》けてゐると云ふことは人間にとって非常に幸福なことである。」ともいっている。

中国地方や外地への遷都論まで飛び出した直後、これほどまでの東京愛好論をいう作家群の背景には、長い江戸以来の文化伝統があった。

永井荷風はそうした文化伝統を十八世紀末、天明から寛政にかけての「天明振り」に求めた。それは「文芸美術悉く燦然たる光彩を放ちし時代」（荷風『狂歌を論ず』）だったという。

たとえばその一例を写楽、歌麿を世に出し、今や世界的に知られる地本問屋蔦屋重三郎（略称蔦重）に求めて、江戸の文化活動の一端を覗《のぞ》いてみよう。

蔦重は最初吉原大門口で「吉原細見」を売り出して成功し、のち江戸一番のメインストリート本町通りに面した通油町に進出した。まず歌麿の大首絵に新機軸を出し、リアリティーを強調する写楽の役者絵で成功をおさめた。寛政の改革で大首絵が禁止されると二枚続、三枚続の立姿美人に新機軸を出し、水茶屋女の名前を画面に入れることが禁止されると、謎絵で表現するなど出版統制の網をくぐって絵師の個性を生かす努力をはらった。

また蔦重は絵画を主とする滑稽文学、黄表紙の刊行に進出して江戸市民の圧倒的人気をさらった。その作家には京橋橋詰のきせる屋の主人山東京伝(北尾政演《まさのぶ》)、牛込生まれで湯島聖堂の向い側に居を構えた御家人大田南畝(四方赤良・蜀山人)、秋田藩留守居役の平沢常富《つねまさ》(明誠堂喜三二・手柄岡持)、駿河小島藩江戸詰家臣倉橋格(恋川春町)、御家人から本所岡場所の遊女屋に聟入した志水燕十(唐来三和《とうらいさんな》)、将軍家侍医桂川甫周の弟で医師、平賀源内の弟子でもある森島中良(竹杖為軽《たけつえのするが》)等々、錚々《そうそう》たるメンバーである。

また蔦重は、地方から訴訟のために江戸に出てきた公事人を宿泊させる公事宿の主人石川雅望《まさもち》(宿屋飯盛《やどやのめしもり》)編、山東京伝絵、大田南畝の筆になる狂歌本『吾妻曲狂歌文庫《あづまぶり》』等多くの狂歌本も出版している。この『吾妻曲狂歌文庫』は、木版印刷の技巧の粋を極め、いわゆる天明振り狂歌本の典型であった。それには五十名の狂歌が見事な絵本仕立に仕上げられている。

その中には、姫路藩主の弟で江戸琳派の総師酒井抱一(尻焼猿人《しりやけえんじん》)、御家人山崎景貫(朱楽菅江《あけらかんこう》)、新宿の煙草屋稲毛屋金右衛門(平秩東作《へづつとうさく》)、汁粉屋北川嘉兵衛(鹿津部眞顔《しかつべのまがお》)、日本橋金吹町の大屋白子屋孫左衛門(大屋裏住《おおやのうらずみ》)、書肆三河屋平兵衛(浜辺黒人)、商家の番頭で書家中井敬義(腹唐秋人《はらからのあきんど》)、田安家家臣小島謙之(唐衣橘洲《からごろもきつしゅう》)、五代目市川団十郎(花道つらね)等々の名が見える。

このほかにも蔦重との関係浅からぬ人物に勝川春朗(のちの葛飾北斎)、滝沢馬琴、十返舎一九、北尾政美(のちの鍬形蕙斎)、さらに京橋の湯屋の主人大野屋喜三郎(元木網《もとのもくあみ》)や吉原の大文字屋市兵衛(加保茶元成《かぼちゃのもとなり》)の名が挙げられる。

かく長々と蔦重の交友関係の一部を洗い出したのは、江戸という都市に住む文化人には、上層、下層の武士から遊女屋の主人に至るまで身分差を乗り越えた文化活動があったことを重視したいからである。しかし、地域の広がりは、歩行可能の範囲にとどまっていることにも注意を向けたい。『新増補浮世類考』の著者をして「元禄宝永以来右に出る者なし」といわしめた浮世絵美人画の巨匠鳥居清長を押え、大首絵で歌麿を世に出した蔦重の出版ジャーナリストとしての執念に注目しなければなるまい。まさに蔦重は江戸が生んだ大都市文化の花であった。にもかかわらず、花の生命は短かくて四十八歳をもってこの世を去った。

ここに、時代を超越した真摯な人間の生き様を見る思いがあると同時に、江戸という都市のふところの深さを思い知らされる。

小木新造著作目録

雑誌・新聞

高等学校におけるテレビ教育の現状と問題点　放送教育研究　62年
書評・日本女性史１　ぱれるが　73年４月
女性史―日本と西洋（座談、笠原一男、黛弘道、小栗純子）　ぱれるが73年９月
文化の重み―世の中がどう変わりましても　セールスマネジャー74年1～6号
「浮世絵類考」との出会い　日本随筆大成74年６月
◎江戸悪場所の変貌　国文学解釈と教材の研究76年８月
◎今と昔　上水道　SALOON76年12月
寺子屋始末記（1）～(3)　ぱれるが77年9～11月
文明開化と都市―病気と医療にみる江戸→東京　歴史公論78年２月号
二代目　清水喜助　清水建設社報78年４月
近代都市庶民生活史の研究促進を願って　地方史研究78年８月
神保町の抱擁力　図書新聞80年４月５日
◎東京庶民の仕事と暮らしに学ぶ　田園都市80年７月
水の東京　文化会議80年９月
「鯛萬」のフランス料理　室内80年11月
書評・神奈川県史各論編３　神奈川県史研究81年９月
書評・非常ノ人の生涯/芳賀徹著「平賀源内」　文化会議81年10月
◎近代日本と生活文化―東京の庶民生活　歴史教育81年11月
伝統に学ぶもの　とうきょう広報81年11月
文明開化期の食生活　歴史公論81年12月
神田神保町昭和初期　ブック・レヴュー82年７月
書評・西山松之助著作集①家元の研究　日本経済新聞82年８月10日
書評・西山松之助著作集の刊行に寄せて　週刊読書人82年８月30日
書評・山本武利著「近代日本の新聞読者層」　社会経済史学82年12月
書評・明治の都市計画/藤森照信著　自然83年２月
雑感　文学83年２月
◎望まれる江戸東京学　文学83年４月
江戸東京学の提唱―「江戸東京博物館」建設構想に寄せて　文化会議83年10月
本郷春木座、鳥熊芝居のこと　法学教室84年12月
歴史の焦点―庶民生活史覚書　高校通信85年１月
風流邯鄲枕　国立博物館ニュース85年１月
◎山の手の変貌　文学85年11月
昭和初期の生活と文化　言語生活86年１月
◎隅田川随想　東京人86年創刊号
失われた美学―芝居茶屋風景　東京人86年夏号
江戸東京学のすすめ　東京人87年春号
あっけらかんの青空の下、江戸の世界はプッツンしてる
（座談、芳賀徹、杉浦日向子）　東京人87年春号
江戸東京、生活空間の研究　住宅建築研究所報14　87年３月
江戸～明治に学ぶ/東京・まちと人/21世紀への展望　住宅総合研究財団研究所だより　87年３月
◎江戸のサロン/大江戸曼荼羅　朝日ジャーナル87年３月20日号
E・モースの見た明治の東京　歴博87年４月
江戸・東京を造った人々（座談、藤森照信、御厨貴）東京人88年１・２月号
三都人宣言（対談、梅棹忠夫）　東京人88年３・４月号
江戸東京400年/住総研40年　すまいろん88年夏号
天皇と東京　東京人88年冬
起工式に寄せて―江戸東京博物館　東京人89年７月号
◎東京近郊の変容―震災前後の15年　歴博研究報告89年３月
人間復興の都市はこうして生まれる（座談、芳賀徹、藤森照信）　東京人89年９月
◎江戸―回顧片々　東京人90年10月
都市研究の視点/江戸東京の場合　史潮90年11月
現代日本人へのメッセージ/E・Sモース博士　日本歴史91年１月
幕末・明治の東京　東京人91年４月
◎建設途上の江戸東京博物館に寄せて　東京人91年６月

「江戸東京自由大学」に寄せて　東京人92年２月
TOKEIの愉快―文化衝突時代の処世術（座談、池内紀、鈴木博之）　東京人92年５月
江戸文化研究の国際　東京人92年10月
旧幕臣・府知事―大久保一翁　東京人92年11月
暮らしの舞台としての東京　建築雑誌93年４月
こんなにおもしろい江戸東京博物館（対談、杉浦日向子）　東京人93年５月
懐かしの生活器具―照明と暖房　東京人93年11月
江戸東京博物館と石井コレクション　東京人94年11月
両国界隈ゆかりの人々　東京人95年11月
◎私のすまいろん/都市コミュニティの再認識/江戸・明治の庶民住宅　すまいろん96年冬号
江戸東京フォーラム　建築雑誌97年５月
幕末明治の群像（対談、芳賀徹）　東京人98年２月
教育普及活動の新たな展開を求めて
（座談、中川志郎、竹澤雄三、後藤文子、五十嵐耕）
博物館研究98年２月
博物館に学際研究を　博物館研究98年11月

単行本①
昭和庶民文化史（上）　日本放送出版（70年）
昭和庶民文化史（下）　日本放送出版（71年）
東京庶民生活史研究　日本放送出版（79年）
東京時代　NHKブックス（80年）
ある明治人の生活史　中公新書（83年）
江戸東京学事始め　筑摩書房（91年）

単行本②（共著）
相沢菊太郎の文化生活―近代生活史研究試論II　弘文堂（75年）
相沢菊太郎の経済生活と日清・日露戦争―近代生活史研究試論I　弘文堂（75年）
馬琴と逍遥（日本随筆体系21巻）　吉川弘文館（76年）
地方文化の伝統と創造　雄山閣出版（76年）
明治大正図誌（1）　筑摩書房（78年）
明治大正図誌（2）　筑摩書房（78年）
東京における官物払下げ事件/生江義男先生還暦記念歴史論集（78年）
明治大正図誌（3）　筑摩書房（79年）
船宿汐留の町屋と河川交通/芳賀幸四郎先生古希記念論文集　笠間書院（80年）
西山先生と歌舞伎復興運動/西山松之助著作集第３巻　吉川弘文館（83年）
「言上帳」にあらわれた東京の世相/江戸の民衆と社会/西山松之助古希記念論文集　吉川弘文館（85年）
江戸東京学の提唱/江戸とは何か（5）　至文堂（85年）
十八世紀、江戸の都市空間/都市空間の解剖/叢書歴史を拓く（４）　新評論（85年）
東京空間1868～1930（1）東京時代　筑摩書房（86年）
　ミカド東遷/掘割と路地の町/東京再見
東京空間1868～1930（2）帝都東京　筑摩書房（86年）
　廿世紀の都市空間/明治への告別
東京空間1868～1930（3）モダン東京　筑摩書房（86年）
　改造の次代/東京行進曲
日本近代思想体系（23）明治の風俗論　岩波書店（90年）
江戸東京を読む　はじめに　筑摩書房（91年）
江戸名所図屏風の世界　江戸の水辺/江戸曼荼羅　岩波書店（92年）
江戸・東京を造った人々―文化のクリエーターたち　大久保一翁と寺子屋始末記　都市出版（93年）
◎江戸東京学への招待（1）　江戸東京学への招待/芝居町と観客　NHKブックス（95年）
江戸東京学への招待（２）　NHKブックス（95年）
江戸東京学への招待（３）　NHKブックス（96年）
図説大江戸知れば知るほど　監修の言葉　実業之日本（96年）
江戸東京学事典　三省堂（98年）

◎江戸東京学序説／江戸東京の地名／文明開化の都市／新富座／本郷座／小江戸／星雲の都／銀座煉瓦街／15区6郡制／森鴎外の「市区改正論略」／幸田露伴の「一国の首都」／桑茶政策／江戸町人の食生活／明治の食生活／穴蔵／震災発生／被服廠跡／朝鮮人虐殺事件／京都遷都論／大東京新都市計画案／後藤新平の都市構想

注：◎印は本書に収録したもの

解題

法政大学教授／陣内秀信

小木新造氏によって「江戸東京学」が提唱されたのが、一九八三年。今から振り返っても画期的な出来事であった。日本の歴史理解への新たな考え方を、そして日本を代表する東京という都市の見方を、実に新鮮な視角から示したのである。

歴史学ばかりか、文学、民俗学、社会学、美術史、建築史、景観工学など、広い分野の研究者からたちまち大きな反響、共感を得て、学際的な交流を通して「江戸東京学」は羽ばたき、多くの成果を生んだ。もちろん、それまでに小木氏が築き上げていた研究上のネットワークが重要な役割を果たしたのは言うまでもない。そして、この「江戸東京学」の考え方に基づき、小木氏も中心メンバーとして奮闘し、「江戸東京博物館」が実現した。充実した常設展に加えて企画展も多彩に行われ、海外の専門家からも高い評価を得ている。

しかし、時が経つのも早い。「江戸東京学」が提唱されてからすでに、二十数年が経過した。その精神を風化させず、さらに大きく発展させるためにも、江戸東京学を提唱し、牽引してきた小木氏がこれまで多方面に発表された多岐にわたる論考を集め、一冊に編むことが企画され、この本が誕生した。財団法人住宅総合研究財団が小木氏を核として、一九年にわたって取り組んできた学際的な研究会、「江戸東京フォーラム」の活動の成果の一つとして企画されたものである。

小木氏の「江戸東京学」は、すぐれて都市の学問である。かつて、日本には、自分達が過去の歴史の中で生み出した都市を正当に評価する視点が欠けていた。高度成長期の一九六〇年代には、まだ都市といえば西欧の自治都市をモデルにする発想が強く、ヨーロッパ人宣教師が賞賛した自由な雰囲気に溢れる一六世紀後半の堺に、かろうじて真の都市を見る、といった考え方から抜け出られなかった。しかも、近世の江戸と近代の東京を別のものとして見る呪縛から逃れられずにきた。

小木氏の都市学としての「江戸東京学」は、こうした従来の大きな壁を取り払ってくれた。江戸から東京への歴史の固有の展開を、そして個性豊かに持続・変容する都市空間の在り方を、より開かれたダイナミックな視点で見る方法を示してくれたのである。日本の都市における社会や文化のアイデンティティを捉える勘所を教えてもらい、私たちは自分の文化の特質や都市の在り方におおいに自信を持つことができた。

小木氏の歴史家としての姿勢には、『東京庶民生活史研究』（日本放送出版協会、一九七九年）の書名からわかるように、都市社会の主役としての庶民の生活の在り方、その文化の特質を考察することに真骨頂がある。とするならばなおのこと、文明開化とともに、江戸から東京に移行したからといって、急に人々の日常の生活環境やライフスタイル、社会関係が変化するはずがない。暮らしの場である都市空間も同じこと。江戸から東京への歴史の展開を従来のように別のものとして捉えず、同じパースペクティブの中で一貫して見ていく小木流の「江戸東京学」の方法に帰着したのも当然である。

だが、江戸の時代から旺盛な好奇心を示してきたこの都市の人々は、明治に新しい西洋文明が入ってくれば、その華やかな文物に、また新しい建物や風景に好奇の眼差しを向けた。明治政府の指導者達も新たな国家、社会の制度づくりに、また西欧風の都市への改造に力を注いだ。従って、江戸から東京に移行する過程で、様々な断絶があったのは当然である。しかし、社会や生活環境、都市空間の基盤に目を向ければむしろ、江戸からの連続性が浮かび上がる。明治初年から明治二〇年頃までの時期を「東京時代」と名付けた小木氏のネーミングは、その独自の歴史観を見事に言い当てる卓抜なものであった。

そして重要なのは、小木氏の都市学への関心が、江戸から明治にかけての時期に止まらないという点である。ダイナミックにそしてユニークに発展する摩訶不思議な現代の巨大都市、東京の特質を、同じような視点から解読することに、大きな関心が払われる。欧米の都市とも、またアジアの都市とも異なる今の東京の特質を解き明かすのに、江戸との関係から考察することは、実に有効な方法となる。この現代東京がもつ、すぐれた特徴や魅力も、そしてまた欠陥や問題も、その多くが江戸にまで遡って認識できるのである。今日、日本の現代文化、東京の都市の在り方に対する外国人の関心もおおいに高まっている。「江戸東京学」は、国際的な視野の中で、この東京を深く理解するための、実に有効なアプローチとなると言えよう。グローバリゼーションが進み、都市の均一性が強まるなかにあって、都市東京ならではの固有の空間や文化の在り方を深く知り、それを受け継ぎ、発展させていくことが私たちにとっての大きな課題である。

小木氏の「江戸東京学」は、国際的に見ても、共通する時代感覚の中で生まれたことに驚かされる。一九八〇年代には、世界各地で都市史への関心が著しい高まりを見せた。どの先進国でも、戦後の高度成長期を経て、工業化社会の終焉を迎え、次の豊かな成熟した社会に入るに及び、自分の社会や文化の特質を深く理解することに人々の欲求が向いたのである。学問としても、様々な既存ジャンルの垣根を取り去って相互の交流をダイナミックに展開できる都市史の領域は、新鮮であった。人々の日常の暮らし、私生活、風俗、心性や感性までを研究の対象とするフランスの新しい歴史学の潮流、アナール派の考え方、研究方法が次々と日本にも紹介されたが、小木氏の社会史的なアプローチはまさにそのアナール派とも波長を共にするものであった。

小木氏の関心領域の広がりは、とてつもなく大きい。本書を編むにあたって、「江戸東京学」に関連する氏の論文、エッセイ等を集めて分類してみて、改めてそのことに驚かされた。

編集会議での討議の末、小木流「江戸東京学」の特徴をより明確に表現すべく、「江戸東京学」の目的、方法の説明に続き、「江戸東京のトポス」「日常生活・衣食住・教育」「遊び・芝居」「サロン・文化」という柱をそれぞれ章として立て、全体を構成することとした。

歴史家小木新造の魅力の一つは、空間や場所にめっぽう強いという点にある。とかく一般の歴史家は、実際の都市や建物にあまり関心をもたないものだが、さすが「江戸東京学」の提唱者小木氏は、その歴史叙述にあって場との関係を大切にしているものが多く、文章から場の雰囲気、都市の風景がリアルに目に浮かぶ。「江戸東京のトポス」において、「水の都」の下町、田園都市の山の手、近郊農村から町に転じていく東京郊外の風景とその変容に向けられた小木氏の眼差しを存分に味わえる。

庶民の日常生活に関する研究は、歴史家小木新造のもっとも得意とするところで、その衣食住の在り方が細部にわたって具体的に描かれる、民衆のお上や権力に対する反骨精神や都市社会の暗部や病理にも記述がおおいに向けられるのも、小木史学らしい。

小木氏が日常生活の中でも、もっともこだわり続けるテーマの一つが寺小屋の存在である。諸外国と比べる際の、庶民レベルの教育・文化水準の高さの秘密がまさにここにあり、日本の社会の特質をよく表す興味深いテーマなのである。

歴史家小木新造のもう一つの魅力は、遊びや楽しいことが根っから好きなことにある。江戸っ子の「遊び・芝居」の文化に関する筆致は生き生きしている。ゆとりと情緒のある江戸の人々の生活を見事に描いた。だが、折しも江戸東京ブームの中、当のご本人は、手帳にぎっしりスケジュールが書き込まれる超多忙状態にあり、「江戸っ子のようなゆとりがもてない」と苦笑する小木氏の顔が印象的であった。

そして、小木氏が提示した江戸から東京まで続くユニークな都市像の一つとして、サロン文化論がある。階級差が決定的な意味をもつ西欧と異なり、江戸東京では様々な立場の人々が集い、交流することから、創造的な文化が生まれた。その特質は、今後の日本にぜひ受け継ぎ発展させたいもののの一つである。

本書で論じられているような、江戸東京の社会、生活、文化、都市空間の全体を多角的な視点から研究する「江戸東京学」をより発展させることは、今後の私たちの大きな課題である。だが、近頃の学問の世界はますます専門分化が進み、こうした大きな視野をもちながら、学問の意味を考えつつ研究することを難しくしている。その意味でも、学生、若い研究者の方々に是非、この本にこめられた歴史家小木新造のメッセージを読みとり、歴史学の真の面白さやその深い価値に触れていただきたい。

本書が生まれるには、様々な方々の力の結集があった。「江戸東京フォーラム」の運営で日頃からお世話になっている財団法人住宅総合研究財団（住総研）には、本書の企画、資料整理、編集協力に大変ご尽力いただいた。なお私自身は、この「江戸東京フォーラム」の運営委員として、財団法人住宅総合研究財団の方々と一緒に作業に加わった。また、小木新造氏の愛弟子で、小木氏の後を受けてテレビ・ドラマの時代考証に活躍される天野隆子氏には、住総研の鈴木孝子氏とともに膨大な小木氏の著作の整理・分類、校正協力等、この本づくりに大きく貢献していただいた。

そして本書の企画にご賛同いただき、編集にも工夫を凝らして小木氏の本に相応しい形で出版を実現して下さった都市出版株式会社の高橋栄一氏、編集実務を担当された編集部の山田智子氏に大変お世話になった。心よりお礼を申し上げたい。

二〇〇五年六月一四日

本書は財団法人住宅総合研究財団の助成を得て出版されたものである。

著者略歴

小木新造（おぎ　しんぞう）

東京都江戸東京博物館顧問

一九二四年東京生まれ。東京教育大学卒業。桐朋学園大学教授、上越教育大学教授を経て、一九八六年国立歴史民俗博物館歴史研究部教授。一九八八年、江戸東京歴史財団理事。一九九六年、江戸東京博物館館長に就任。一九九八年から現職。

一九七八年『東京庶民生活史研究』で文学博士（東京教育大学）。一九八九年、東京都文化賞受賞。

主な著書に『東京庶民生活史研究』（日本放送出版協会、角川源義賞受賞）、『東京時代』（日本放送出版協会、毎日出版文化賞受賞）、『明治大正図誌』（編、筑摩書房）、『江戸東京を読む』（編著、筑摩書房）、『江戸東京学への招待』（編著、日本放送出版協会）、『江戸東京学事典』（編著、三省堂）など。

江戸東京学

二〇〇五年八月二五日印刷
二〇〇五年八月三一日発行

著者――小木新造
発行者――高橋栄一
装丁――佐々木秀明
印刷／製本――三報社印刷株式会社
発行所――都市出版株式会社
〒一〇二―〇〇七一
東京都千代田区富士見一―五―八　大新京ビル三F
電話〇三（三二三七）一七〇五
振替〇〇一〇〇―九―七七二六一〇

ISBN4-901783-19-X C0095